AF411278

A. SCHILLINGER

A. SCHILLINGER

SOUVENIRS

POUR SES AMIS

PAR

ROD. REUSS

*Avec des extraits du Journal de Schillinger
pendant le siège de Strasbourg.*

. STRASBOURG
J. H. Ed. Heitz, imprimeur-libraire
—
1883.

PRÉFACE.

Il y a dix ans déjà, qu'Albert Schillinger nous a été enlevé par une mort prématurée, et nous attendons encore qu'une plume autorisée vienne retracer les détails de sa carrière si courte, mais si laborieuse et si bien remplie. Il y a là comme une obligation d'honneur pour ceux qui ont admiré son caractère ou partagé ses idées, pour les amis si nombreux qu'il avait su grouper autour de lui par la double autorité de son talent et de son exemple.

Peu de mois après sa mort, cette biographie fut sur le point de paraître. Quand on publia les *Discours* que Schillinger avait prononcés à Strasbourg pendant la guerre, et dont il avait pu revoir encore lui-même les épreuves, l'éditeur parisien de ce volume annonça la publication prochaine d'une notice biographique, rédigée en partie d'après les notes laissées par le défunt. Ce travail fut en effet entrepris et achevé. Mais au moment où il allait être mis sous presse, plusieurs des amis de Schillinger exprimèrent la crainte que ces pages, tout imprégnées des émotions d'une époque néfaste, ne provoquassent des réclamations personnelles et ne donnassent lieu à des polémiques religieuses ou politiques, contre lesquelles on devait protéger une mémoire si chère. On se rendit à ces scrupules et depuis lors le projet d'une biographie de Schillinger ne fut point repris. Aujourd'hui pourtant que douze années ont passé sur nous, depuis la capitulation de Strasbourg, faisant disparaître ou dispersant au loin beaucoup de ceux dont il était question dans ces pages, changeant pour tous les conditions de l'existence et le milieu politique, social et religieux, les raisons qui dictèrent cette retenue n'ont plus la même force. Il en est d'autres, au contraire, qui nous ont poussé à reprendre, en le modifiant, notre ancien travail. Une génération nouvelle a grandi, qui n'a plus connu personnellement Schillinger, qui n'a plus entendu sa voix éloquente, qui ne l'a plus vu debout, protestant contre toutes les violences morales et combattant pour nos libertés religieuses. Il est bon que cette génération apprenne à le connaître, qu'elle sache ce qu'il a fait et ce qu'il voulait faire. Il est juste aussi que Schillinger lui-même conserve la page honorable à laquelle il a droit dans l'histoire de l'Alsace protestante, et que cette page soit écrite avant que les témoins de ses efforts et de ses luttes disparaissent à leur tour.

Quoique l'un des derniers venus parmi les amis de Schillinger, je crois devoir lui rendre aujourd'hui cet hommage suprême. Je me serais volontiers effacé devant les vieux camarades de sa première enfance, devant les amis fidèles de sa sérieuse jeunesse. Mais ne voyant personne se présenter pour remplir ce pieux devoir, je me suis senti poussé à l'entreprendre par le double sentiment de l'affection et de la reconnaissance. Ayant eu le bonheur de devenir l'ami de Schillinger, de pénétrer dans son intimité, de partager quelques-uns de ses travaux, c'est par la fréquentation de cette âme douce et vaillante que s'est affermi dans la mienne le culte de l'idéal. C'est au contact de cette conscience si candide et si loyale, que j'ai compris de mieux en mieux l'austère et sainte loi du devoir. C'est en entendant sa parole, en le voyant vivre, aimer et souffrir, que j'ai su que la religion n'est point un assemblage de formules et de doctrines, mais qu'elle est amour et vie. Que de fois, dans ces entretiens intimes, qui ont été un des charmes de mon existence et que je n'oublierai jamais, ne m'a-t-il point répété qu'on a le droit de se dire chrétien, pourvu que l'on partage avec le fils du charpentier de Nazareth la confiance filiale en la Providence divine et le brûlant amour pour les frères ! Ces convictions ont soutenu mon courage dans les années d'é-preuves, elles m'ont permis de traverser, sans succomber, des heures de tristesse et d'an-goisse. Cette force morale, c'est avant tout à Schillinger que je la dois ; je serais bien ingrat, si je ne venais hautement proclamer aujourd'hui ce qu'il fut pour moi, comme pour tant d'autres, et combien durable est la reconnaissance que je conserve à sa mémoire.

Les pages qu'on va lire ont paru d'abord dans le *Progrès Religieux* de Strasbourg. Et où donc pouvions-nous mieux rendre à Schillinger ce dernier hommage que dans le journal qu'il créa, voilà déjà quinze ans, qu'il a dirigé jusqu'à sa mort avec tant de verve et de vaillance et qui s'efforce, depuis lors, de rester fidèle à l'esprit large et libéral de son fondateur? Mais le choix même d'une feuille religieuse pour y publier cette biographie nous imposait une retenue particulière. Nous ne pouvions oublier qu'il était interdit aux questions politiques d'y entrer, même à la suite d'une page d'histoire ecclésiastique contemporaine. Tout en nous efforçant d'interpréter fidèlement les sentiments et les pensées de Schillinger, nous devions donc nous préoccuper de ne pas être arrêté dans ce dernier hommage rendu à sa mémoire, et laisser deviner, au lieu de les indiquer, les émotions profondes qui l'ont tant fait souffrir et qui ont hâté sa fin.

Notre tâche a d'ailleurs été rendue singulièrement facile par l'obligeance avec laquelle la famille du défunt a mis à notre disposition le *Journal* intime rédigé par Schillinger de 1867 à 1872 et dont quelques fragments remontent encore plus haut. Autant qu'il nous a été possible, nous avons laissé la parole à notre ami lui-même. Nous avons cependant dû limiter nos emprunts, on le comprendra sans peine. Ce journal est un document trop précieux pour l'histoire de notre ville pendant la guerre et aux premiers jours de l'annexion, un témoignage trop authentique de nos épreuves en ces années douloureuses, pour qu'il ne mérite pas d'être intégralement publié un jour. Mais ce moment ne nous semble point venu. Encore aujourd'hui, certaines pages de ce tableau, pourtant si fidèle, froisseraient des susceptibilités plus ou moins légitimes, provoqueraient des protestations plus ou moins intéressées et donneraient ainsi lieu à des polémiques qu'il vaut mieux éviter, puisque rien ne nous impose le rôle toujours pénible de justicier et que ce n'est point une page d'histoire complète que nous songeons à donner ici. En nous approchant aujourd'hui

de la tombe de Schillinger, pour y déposer
cette modeste couronne, nous n'obéissons
qu'à l'impérieux besoin de rendre témoignage
d'une affection profonde et d'amers regrets,
que dix années de deuil n'ont point affaiblis.

I.

Au fond de la vallée de Munster, l'une des
plus étendues et des plus pittoresques des
Vosges, se trouve un village assez antique
et de modeste apparence, celui de Muhlbach.
C'est dans cette petite commune du départe-
ment du Haut-Rhin que naquit Charles-
Albert Schillinger, le 26 août 1839. Il était le
second enfant de M. Schillinger, pasteur à
Muhlbach, et de Marie-Salomé Graff. Tout
jeune, il eut le malheur de perdre sa mère et
fut élevé, dans la suite, par la seconde femme
de son père, Mad. Caroline Schillinger, née
Kessel, à laquelle il montra toujours un
dévouement filial.

Nous n'avons rien à raconter des premières années de son existence. Un des traits

dominants du caractère de notre ami fut toujours une grande réserve sur tout ce qui touchait à ses sentiments plus intimes et aux événements de son passé. Il ne nous souvient pas de l'avoir entendu parler une seule fois, pendant les longues années qu'il fut notre compagnon de tous les jours, des faits de son enfance et de sa jeunesse. Peut-être les souffrances et les préoccupations continuelles qui ne tardèrent pas à l'assaillir, avaient-elles effacé ces premières impressions, d'ordinaire si vives ; peut-être aussi le souvenir de la perte cruelle qui le frappa tout enfant, l'empêchait-il de se reporter volontiers en arrière.

Il ne séjourna d'ailleurs pas longtemps dans le village paternel. M. Schillinger tenait à faire donner à son fils une instruction solide en même temps que protestante. Or, le Haut-Rhin ne possédait à cette époque aucun établissement d'enseignement secondaire qui répondît à ce double but ; le jeune Albert fut donc envoyé de bonne heure à Strasbourg, pour y suivre les classes du Gymnase protestant. L'internat qui a été joint pendant des années à notre vieille et célèbre école et qui vient de disparaître tout récemment, n'existait pas alors. Les parents du dehors mettaient de préférence leurs fils chez quelque pasteur de la ville, pour leur assurer les avantages d'une surveillance plus stricte et d'une véritable vie de famille. C'est ainsi que notre ami fut confié aux soins de M. Hermann, pasteur à l'église de Saint-Thomas, dans la maison duquel il vécut plusieurs années.

De cette époque aussi nous n'avons presque rien à dire. Schillinger ne manifesta point, dans ces années d'école, des dispositions hors ligne. Rien, au dire de ses compagnons de classe, ne faisait pressentir les qualités qu'il déploya plus tard. Ses habitudes, ses goûts, toute sa manière d'être un peu rustique attiraient peu l'attention de ses camarades et de ses maîtres. Par moments seulement il faisait preuve, malgré son apathie apparente et sa lourdeur extérieure, d'une grande force de volonté, d'une énergie de caractère qui surprenait dans un corps aussi miné, dès la douzième année, par la maladie qui, dès lors, ne lui laissa plus de repos qu'à de rares intervalles. Ce sont ces qualités qui, tournées vers le bien et dominant de plus en plus en lui, firent de Schillinger, croyons-nous, l'homme que nous avons connu plus tard. Attentif d'ailleurs et docile, il se maintint constamment parmi les premiers de sa classe; il n'avait point encore atteint l'âge de seize ans quand il sortit de la classe de philosophie. La dispense d'âge qu'il sollicita en vue du baccalauréat lui ayant été refusée, il fut obligé d'attendre trois mois pour conquérir son diplôme. En novembre 1855, il devint bachelier ès-lettres.

Le choix d'une profession ne semble pas l'avoir préoccupé longtemps. Comme l'a dit un de ses amis, «son père, le vénérable pasteur Schillinger, remplissait trop bien les fonctions du saint-ministère, il était entouré de trop de respect et d'affection, pour que son fils ne désirât point se vouer à la même carrière.» Il se fit donc inscrire comme étudiant à la section préparatoire ou philologique du Séminaire protestant de Strasbourg. En même temps, il échangea le presbytère de M. Hermann contre une des cellules de l'antique cloître des Dominicains, attenant au Temple-Neuf et destiné depuis trois siècles à servir d'internat aux étudiants en théologie. Il se mit, dans la mesure des forces que lui laissait le déplorable état de sa santé, à suivre les principaux cours du Séminaire, ceux de MM. Baum, Kreiss, Stahl, Matter, Bartholmess, etc. En même temps, il se livrait à de nombreuses lectures, forcé qu'il était de mener une vie plus calme et plus tranquille que la plupart de ses condisciples.

C'est au milieu de ces études, souvent interrompues par la maladie, qu'il conçut le projet de rédiger un journal de son existence. Il ne réalisa ce projet qu'en partie sans doute : son journal contient de nombreuses lacunes. Mais tel qu'il est, il nous permet de donner à ce récit une valeur plus grande, en faisant connaître, par de nombreux extraits, la pensée de l'homme de bien que nous regretterons toujours.

La première page du cahier auquel il allait confier ses impressions est datée du 17 octobre 1857. Elle débute par la déclaration suivante :

«C'est pour moi seul que j'écris, et en écrivant, ce n'est pas un devoir que je m'impose, c'est un plaisir que je me procure. Je n'écrirai pas servilement chaque soir... Qu'il manque des journées, des semaines, des mois entiers dans cet album, que m'importe ? Mon but, c'est d'éclairer ma vie future par ma vie présente et passée. Il y a, du reste, une jouissance infinie à se sentir et à s'entendre penser.»

Les premières notes, hélas, tracées sur ces feuillets, n'expriment pas des sentiments de paix et de bonheur. La maladie le tourmentait sans cesse, lui enlevant toute liberté d'esprit et toute joie de cœur. Aussi écrivait-il le 20 octobre :

«Je m'ennuie ici..., je veux partir, rentrer chez moi et passer une année chez mes parents... Oh, cet esprit étroit m'ennuie ! Il me faut de l'air, il me faudrait de la santé ! Avoir toujours cette affreuse maladie à ses trousses, ce fantôme qui me poursuit nuit et jour... l'esprit en pâtit. Etre toujours sous le poids d'une même pensée qui nous tourmente : Serai-je malade demain ? Passerai-je l'hiver ? Je ne puis plus, je ne veux plus le supporter. Je rentrerai et je travaillerai tranquillement, mais assidûment; je me formerai moi-même, je me retremperai dans une étude libre des grands hommes...»

Et il ajoutait avec un sentiment de mélancolie profonde :

«...Le savoir fait peu au bonheur, et c'est au bonheur que je veux arriver ; c'est mon but, c'est celui de tous les hommes. Seulement tous ne l'entrevoient pas avec la même clarté, ou plutôt la plupart ne savent pas où le chercher... Le bonheur n'est pas dans la science, dans la connaissance des autres, mais dans la connaissance de soi... Se connaître et se former, c'est marcher au bonheur ; s'être connu, s'être formé et former les autres, ce serait la perfection. La perfection n'est pas de cette terre, mais y aspirer, y marcher, nous le pouvons. Dieu me soit en aide !...»

Le 30 octobre 1857, il passa devant les professeurs du Séminaire ses examens d'*ascension*, qui devaient lui ouvrir l'accès aux études théologiques proprement dites. Il fut reçu, mais sans note particulièrement honorifique, ce qui n'a rien d'étonnant chez un valétudinaire habituel. Lui-même n'en fut guère affecté ; mais il ne fut pas réjoui non plus par la perspective d'aborder une nouvelle sphère d'études, tant il était abattu.

«Me voilà donc théologien, dit-il dans son

journal ; mais il est étonnant combien j'en ai ressenti peu de plaisir. Le seul contentement, pour ainsi dire, que j'éprouve, c'est d'être délivré désormais ou du moins pour bien longtemps, de l'étude de l'hébreu et de la philosophie !»

A peine rentré au presbytère de Muhlbach, il se remit au travail, non pas d'après un plan d'études systématique, mais butinant de droite et de gauche chez les philosophes et les romanciers comme chez les historiens et les théologiens. Son journal nous a conservé les noms des auteurs français, allemands et anglais qu'il lisait à ce moment : Gœthe et Chateaubriand, Jean-Paul et Dickens, Pelletan, l'*Astronomie* d'Arago, etc. A côté des livres qu'il lisait, il y avait ceux qu'il composait lui-même, et qui sans doute étaient les préférés. Il avait, en effet, conçu le plan d'une série de romans champêtres dont l'action se passait dans la vallée de Munster. Il a esquissé le plan de l'un d'eux, qui devait s'appeler «l'*Histoire d'un Suicidé*» et qui contenait plus d'une scène dramatique, bien que l'inexpérience du juvénil romancier éclate en maint endroit de ce canevas naïf.

Il fut réveillé de ces innocentes rêveries par un coup terrible. Sa sœur unique, issue du premier mariage de son père, Mad. Louise Wœlflin, mourut subitement le 28 novembre 1857. Schillinger lui avait toujours été profondément attaché; aussi cette perte cruelle l'ébranla-t-elle jusqu'au fond de l'âme. Les pages de son journal nous offrent une analyse douloureuse de ses sentiments d'alors. Mais ce sont là des deuils trop intimes pour les produire en public, et nous nous bornons à y copier ces lignes qui pourraient servir d'épigraphe à notre récit: «Je pense que le meilleur et le plus beau culte à rendre à un ami qui nous a quittés, c'est de lui conserver une place dans notre cœur, de songer souvent à lui avec amour... Quel bonheur de pleurer! Je ne sais vraiment pas si cet état de tristesse n'est pas préférable à tout autre. Il semble que ce soit là l'état le plus naturel à l'homme, en présence de la mort... Ah, mon Dieu, ne m'enlève pas de cette terre avant que j'aie trouvé le bon chemin, que je l'aie reconnu par ta grâce!... Soutiens-moi, mon Dieu, aie pitié de ma faiblesse, délivre-moi du mal et montre-moi le bien!»

On entrevoit dans ces lignes si tristes, dans cette ardente prière du jeune homme malheureux et souffrant, la nature profondément religieuse de notre ami. Ses convictions fortement libérales se sont toujours alliées à ce mysticisme du cœur sans lequel le sentiment religieux s'évaporerait bien vite et se perdrait dans le vide.

Ces douloureuses épreuves l'entraînèrent tout naturellement à s'absorber de plus en plus en soi-même, à se laisser aller à ce penchant d'analyse intime, qui présente, en effet, de grands charmes, mais aussi de grands dangers pour les natures incapables de réagir contre cette préoccupation trop constante. «Il est impossible, écrivait-il le 11 février 1858, de goûter une sensation plus douce, plus harmonieuse, que celle que j'éprouve en déposant ici mes plus intimes pensées, mes rêves, mes croyances, tout mon être enfin, tel que je puis me connaître.»

Heureusement qu'il n'était pas d'humeur sauvage et que le plaisir de s'analyser et de s'approfondir ne lui faisait point fuir la société d'autrui. Nature éminemment sociable, ayant soif d'affection, il ne se refusait point aux distractions honnêtes qui pouvaient égayer un instant ses souffrances : il avait surtout besoin d'un cœur ami pour y épancher le sien. «J'aime, écrivait-il alors, la conversation douce, intime, où l'on peut ouvrir son âme, sans crainte d'être méconnu... C'est un besoin de mon être; mes sentiments meurent, mon cœur se dessèche loin de toute société...»

C'est au mois de mars 1858 que se termine la première partie de son journal. Soit que la douce monotonie de son séjour à Muhlbach n'ait plus offert d'aliments à ses observations psychologiques, soit que l'amélioration passagère de sa santé l'ait détourné pour un temps de ces méditations un peu trop austères pour son âge, soit aussi qu'il ait détruit plus tard les pages écrites à cette époque, nous ne retrouverons ces notes intimes qu'à une époque bien postérieure de son existence.

II.

Schillinger revint à Strasbourg vers l'automne de 1859 pour y reprendre ses études en théologie. Il trouva, il avait déjà trouvé précédemment à l'Internat de Saint-Guillaume des amis dévoués, dont l'affection lui resta précieuse. Albert Engelmann, Théodore Gerold, Théodore Beck, depuis pasteurs à Strasbourg; Burghard, plus tard pasteur au Hâvre; Spindler, actuellement pasteur à Wissembourg; Eugène Ensfelder, qui quitta la théologie pour les arts, et suivit de près son ami dans la tombe; Bræsch, l'habile compositeur, trop tôt enlevé aux siens et à l'Alsace, tels furent à cette époque ses principaux amis. Dans ses lettres écrites de Bordeaux et du Hâvre, pendant les années qui suivirent, Schillinger se rappelait avec bonheur les longues «soirées du *bahut*», les causeries intimes avec les amis, au coin du feu ou dans les vastes et sombres corridors de l'ancien cloître des Dominicains, qu'il vit périr dans les flammes le 19 juin 1860. Il termina ses études théologiques au mois de mai 1861, par des examens passés d'une façon très-honorable, sinon particulièrement brillante.

S'il l'avait voulu, Schillinger eût pu entrer immédiatement dans le ministère. En effet, dès le 13 mai 1861, M. Adolphe Stœber, président du Consistoire de Mulhouse, lui écrivait pour lui offrir une place de vicaire en cette ville, en remplacement de M. le pasteur Braun. Mais Schillinger ne se sentait ni assez d'expérience ni assez de savoir pour accepter une pareille vocation. Sa soif de connaître et sa profonde modestie, ces deux qualités qu'il n'a jamais perdues, lui faisaient désirer de continuer encore ses études sur un autre terrain. Aussi refusa-t-il les offres qu'on lui faisait. Pendant l'été et l'automne de 1861, il alla se reposer au presbytère de Muhlbach, tout en travaillant à sa thèse. En même temps, il demandait au Séminaire une des bourses anciennement créées pour permettre aux étudiants en théologie de continuer leurs études en pays étranger.

C'est à cette occasion que le doyen de la faculté de théologie, M. Bruch, lui envoya le certificat suivant, retrouvé dans ses papiers, et qui témoigne de l'estime qu'alors déjà ses professeurs éprouvaient pour le jeune théologien :

«Strasbourg, 7 janvier 1862.

«Je certifie que le sieur Schillinger, Charles-Albert, fils du respectable pasteur de Muhlbach, s'est recommandé pendant tout le cours de ses études par ses talents, son assiduité et son excellente conduite. Admis honorablement au grade de bachelier en théologie au mois de mai 1861, M. Schillinger désire vivement pouvoir se rendre en Allemagne pour continuer ses études théologiques. Je souhaite qu'il puisse réaliser ce projet, bien convaincu que l'Eglise protestante de France acquerra dans ce candidat un pasteur d'un mérite très-distingué.

«Le doyen, BRUCH.»

Le 13 février 1862, **M.** Bruch put lui annoncer que les administrateurs de la fondation Schenkbecher lui avaient accordé une allocation de sept cent cinquante francs qui le mettrait à même de poursuivre ses études théologiques dans les universités d'outre-Rhin. Après avoir obtenu du Directoire un congé d'un an, Schillinger se mit en devoir de commencer sa tournée auprès des représentants les plus autorisés de la science théologique allemande. Mais d'abord il avait soutenu sa thèse, intitulée : *Etude exégétique sur la doctrine de Saint-Paul touchant la personne de Christ,* dont le doyen, **M.** Bruch, disait dans son rapport officiel au recteur, qu'elle était «le fruit d'études spéciales et approfondies».

Notre ami commença par s'arrêter à Heidelberg où enseignaient alors Rothe, Schenkel, Hitzig et d'autres coryphées de l'opinion libérale. Puis il se rendit à Iéna, où l'avait précédé son condisciple et ami Jeanmaire et où il trouva deux autres compatriotes qu'il n'avait fait qu'entrevoir autrefois à Strasbourg, mais avec lesquels il se lia plus intimement dans la suite, Rodolphe Reuss et Louis Schneegans. L'enseignement de Hase, la beauté de la vallée de la Saale, le charme du cercle académique dans lequel l'introduisirent ses amis, le retinrent assez longtemps en Thuringe. Il partit enfin pour Leipzig, s'arrêta quelques semaines à Berlin, dont les théologiens ne réussirent pas à le contenter, et revint ensuite lentement par l'Allemagne du Sud. Il s'était arrêté à Munich, pour y visiter les musées, quand lui arriva une proposition assez inattendue. Un de ses meilleurs amis, Albert Engelmann, précepteur aux environs de Bordeaux, lui faisait parvenir l'offre d'une position analogue dans une honorable famille de cette ville.

L'idée en elle-même n'avait rien qu'il repoussât. Au contraire, son état de santé lui avait souvent inspiré des doutes sur son aptitude aux fonctions pastorales et il avait rêvé la possibilité d'un préceptorat viager. Il avait songé même à remplir cette charge de confiance au sein de sa propre famille. L'enfant qu'il voulait élever dans les principes d'éducation qu'il s'était formés lui-même, et dont il désirait faire un *homme* dans la plus noble acception de ce terme, était son neveu, le fils de sa bien-aimée sœur Louise, actuellement officier du génie dans l'armée française. Quand ses amis essayaient de le dissuader de cette entreprise généreuse, en lui disant qu'il était appelé à rendre des services dans un cercle d'activité plus large, il leur répondait souvent : Si *chacun* s'appliquait à former *un* homme, le monde en marcherait mieux et serait meilleur !

Schillinger ne repoussa pas les ouvertures de son ami. Voici ce qu'il écrivit de Munich, le 19 septembre 1862 : «...J'avais en idée jusqu'ici, soit de rester à Strasbourg pour continuer mes études, soit d'accepter une place de précepteur. Dans le dernier cas, je comptais aller à Paris, pas pour longtemps, rien que pour voir un peu le monde... Après tout, Bordeaux vaudrait bien Paris. Le seul obstacle que je prévois, c'est que je tiens à rentrer dans le ministère ou dans la théologie, après un an à peu près, tandis que l'âge de l'enfant me fait supposer qu'on préférerait un jeune homme, qui resterait le plus longtemps possible... J'ai toujours peur de ne plus pouvoir rentrer dans ma carrière véritable, dont je me suis déjà trop écarté...»

Il finit cependant par accepter l'offre qu'on lui faisait, tant pour voir le monde que pour profiter de l'air du midi, qu'il croyait alors plus favorable à sa santé. Le 2 octobre, il écrivait de Muhlbach à ses parents : «J'accepte la place de M. Kruse... Je cède en cela aux conseils de tout le monde, de sorte que l'incertitude d'Allemagne est devenue probabilité à Strasbourg et certitude à Colmar...»

III.

Schillinger se mit en route pour Bordeaux, et traversa Paris qu'il vit alors pour la première fois et qu'il aima tant à revoir depuis. Il fut rendu à son nouveau poste dans les premiers jours de décembre. Malheureusement, son ami Engelmann n'était point là pour le recevoir et l'introduire dans ce milieu commercial et mondain si différent des sphères académiques d'Allemagne qu'il venait de quitter. Notre jeune candidat ne possédait point, à cette époque, l'heureuse facilité de «se faire tout à tous» qui le distingua plus tard, et que le séjour de Bordeaux contribua précisément à lui donner. Aussi ne fut-il guère apprécié dans les premiers temps ; son air morose, ses manières gênées, l'embarras évident qu'il éprouvait à se mouvoir dans des cercles inconnus lui faisaient tort. Lui-même se sentit un peu dépaysé ; le ton de ses lettres en fait foi : «Je suis en mal de toi,» écrivait-il à son ami, le 10 décembre 1862 ; «je compte les jours et les heures jusqu'à ton retour. C'est donc lundi prochain... tu viendras bien vite chez moi, nous passerons la soirée ensemble, et nous causerons. Je n'ai pas fait de visites... je passe les soirées chez moi à travailler ; souvent aussi je m'établis devant la cheminée et entame de longues conversations avec toi ou quelque autre de mes amis. J'ai tout remis à ton retour, l'arrangement de mes loisirs, les longues promenades, si bien que la ville et les environs me sont, pour ainsi dire, parfaitement inconnus. Tu me feras voir tout cela. Puis je te ferai voir ce que j'ai travaillé jusqu'ici ; nous nous occuperons ensemble, puisqu'il ne faut jamais oublier le sérieux de la vie...»

Le séjour de Bordeaux finit pourtant par lui plaire ; il se lia avec un certain nombre de familles alsaciennes, parmi lesquelles il convient de mentionner celle de M. Dietz et celle de **M.** Kirsch, professeur au Lycée, qui le reçurent comme un ami de vieille date et chez lesquels il se sentit bientôt chez lui. Ses devoirs officiels ne prenaient pas tout son temps ; il lisait, il étudiait. Cette philosophie qui lui semblait si profondément ennuyeuse quelques années auparavant, il en avait compris l'importance, et l'on voit par ses lettres combien il travaillait à s'assimiler les œuvres de Kant, tout en poursuivant ses études théologiques. Enfin, il se hasarda pour la première fois à prêcher en français devant un auditoire assez restreint, il est vrai, celui de la ville de bains d'Arcachon (28 juin 1862). On pense bien que ce ne fut pas sans battements de cœur qu'il gravit les degrés de la chaire, lui qui, plus tard, alors qu'il était devenu l'orateur que nous aimions et que nous admirions tous, éprouvait encore chaque fois une véritable angoisse au moment de prendre la parole en public.

Schillinger avait d'abord l'intention de ne rester qu'un an à Bordeaux et d'entrer ensuite dans le ministère, mais il s'habitua peu à peu à ce genre d'activité nouvelle. L'idée surtout de voir s'installer bientôt à

Bordeaux, comme prédicateur allemand et danois, son ami Engelmann, qui se trouvait alors en Touraine, l'engagea à y prolonger son séjour. Il fut donc péniblement surpris en apprenant, vers la fin d'août, que son élève suivrait probablement les cours du Lycée à la rentrée des classes, et qu'en ce cas ses services deviendraient inutiles. La famille Kruse étant allée passer le mois de septembre aux Pyrénées, Schillinger accompagna son ami, M. Kirsch, aux bains de mer de Royan. Il y mena une vie calme, selon ses goûts. De longues flâneries alternaient avec des excursions plus longues qu'il décrit gaiement dans ses lettres. Souvent aussi il accompagnait son ami à la chasse, mais ces expéditions cynégétiques n'étaient guère meurtrières, puisqu'un jour le butin des deux Nemrods se borna à *un* malheureux moineau que M. Kirsch abattit par hasard.

Vers la fin de septembre, la séparation de Schillinger d'avec l'enfant confié jusqu'alors à ses soins fut définitivement arrêtée. Que devait-il faire ? Aller à Paris ou au Hâvre pour y chercher une position nouvelle, ou revenir en Alsace pour y demander une place de

pasteur ? Il ne voulait pas rester plus longtemps dans la maison Kruse après le départ
de son élève. Il songea un instant à devenir
le remplaçant ou plutôt le suffragant d'Engelmann, toujours empêché de venir occuper la place que lui avait offert le Comité
de l'Eglise libre allemande de Bordeaux. Il
avait pensé aussi à donner des leçons particulières, et même à entrer dans l'Université.
«Kirsch, écrivait-il, me promet une assez
belle position comme professeur d'allemand,
soit dans les pensions, soit même comme son
suppléant au Lycée. Vu le dernier règlement,
les leçons d'allemand ont été partout plus
que doublées ; il doit en donner trente-trois
par semaine au Lycée et refuse d'en accepter
plus de vingt. Peut-être pourrait-il me faire
obtenir les autres, surtout si je passe mon
examen d'aptitude...»
Les propositions de **M.** Kirsch étaient
d'autant plus séduisantes pour lui que les
charmes de Bordeaux avaient fini par capti-
ver notre ami. Le climat convenait entièrement à sa santé, et les nombreuses distractions qui lui étaient offertes exerçaient la plus
heureuse influence sur son moral comme sur

son physique. Sa tristesse d'autrefois l'avait complétement quitté; il était même parfois d'une gaîté folle qui durait des journées entières.

Au milieu de ces incertitudes qui ne laissaient pas de lui donner un peu de fièvre, Schillinger avait commencé la série des services allemands qu'il s'était engagé à donner, en attendant l'arrivée de son ami. «Le 1er dimanche d'octobre, lui écrivait-il, je commence mon service au temple allemand; ce seront neuf sermons... j'irai également à l'hôpital...» Et quelques jours plus tard: «J'ai prêché sans lire, mais je suis resté court un moment et ne m'en suis tiré que par une petite improvisation mal improvisée...»

IV.

Une proposition inattendue vint le trouver
à ce moment. Un riche négociant du Hâvre,
M. Delaroche, obligé d'aller passer la saison
d'hiver à Nice avec sa famille, cherchait un
précepteur pour son fils. Cette place fut
offerte à Schillinger par l'entremise de son
ami M. Burghard, pasteur au Hâvre. Sa
perplexité fut grande. D'une part, la proposition lui agréait d'autant plus qu'il avait
le plus vif désir de voir la Méditerranée;
d'autre part, il se croyait engagé vis-à-vis
d'Engelmann, que la maladie retenait toujours loin de son nouveau troupeau. Les
lettres de cette époque nous montrent toute
la délicatesse de son cœur; il eût préféré
mille fois renoncer à une situation des plus

agréables, plutôt que de devenir infidèle à des promesses antérieures.

Il partit cependant au mois de novembre et fut accueilli de la manière la plus sympathique par la famille Delaroche. Il écrivait de Nice, à la date du 12 décembre : «Pour moi, ma position est sans restriction aussi agréable qu'on peut se la figurer.» Un élève heureusement doué, docile et gentil, une mère d'une haute intelligence et d'une amabilité parfaite, un père bienveillant et confiant, et qui ne songeait point à contrôler ses leçons, un pays magnifique sous un soleil radieux, il y avait, en effet, là de quoi réjouir le cœur et l'esprit d'un jeune homme de vingt-trois ans peu gâté jusqu'ici par la fortune. Les causeries, les lectures, les excursions fréquentes prenaient, avec les leçons données à son élève, presque tout son temps. Les études plus sérieuses en souffraient un peu, mais sa santé s'accommodait parfaitement de ce nouveau genre de vie. Il trouva moyen cependant de prendre à Nice des leçons d'italien. Deux fois par semaine un vieil *abbate* venait s'entretenir avec lui et s'émerveillait de ses progrès rapides. Plus tard encore,

Schillinger aimait à lire de l'italien, bien qu'il n'eut jamais appris à le parler d'une façon correcte.

Au commencement de mars 1864, la famille Delaroche alla passer quelque temps à Cannes. Là notre ami tomba malade; mais il se remit bientôt et put retourner avec les parents de son élève au Hâvre, où il arriva au mois de mai.

En septembre, il fit une courte apparition à Muhlbach, auprès de sa famille, qu'il n'avait point revue depuis deux ans. Aucun de ses amis n'était alors à Strasbourg, aucun de ses anciens professeurs n'y séjournait pour le moment. Il ne fit donc que traverser l'Alsace pour revenir au Hâvre, où il passa l'hiver à peu près seul avec son élève. Les parents de ce dernier étaient alors à Ems, gravement préoccupés de la santé d'une de leurs filles, qu'ils eurent la douleur de voir mourir en février 1865. Schillinger, qui lui avait donné quelques leçons, parle d'elle en termes touchants et sympathiques dans une de ses lettres. Pendant cet hiver, il remplaça plusieurs fois dans la chaire allemande du Hâvre son ami Burghard; en même temps, il fit

ses débuts comme journaliste religieux, besogne qui répondait à son tempérament et
dont il s'acquitta d'une façon si remarquable
dans la suite. Le 2 mars 1865, le *Disciple de
Jésus-Christ,* de M. Martin-Paschoud, publiait son premier *Courrier d'Allemagne*
qu'il devait fournir dans la suite tous les
deux mois.

Cependant le moment approchait où il
allait devoir se séparer de son élève. Il
n'avait encore aucune idée bien arrêtée sur
l'avenir. «Strasbourg ne me convient pas
comme climat,» écrivait-il le 3 juillet. Et il
ajoutait : «Je n'ai pas envie d'être vicaire
dans un village.» D'autre part, il aspirait à
se fixer enfin. Il ne pouvait espérer obtenir
une position analogue à celles qu'il avait
occupées jusque-là, et dans des conditions
aussi agréables ; d'ailleurs il arrive un moment où des situations de ce genre, nécessai-
rement dépendantes, ne répondent plus aux
besoins intellectuels et moraux de ceux qui,
plus jeunes, s'y trouvaient fort à l'aise. Schillinger se décida donc à rentrer en Alsace. Il
ne pouvait se faire à l'idée de s'enfermer dans
une paroisse de village. Sans jamais mécon-

naître ce que la mission du pasteur a de grand
et de beau même dans l'endroit le plus obscur
et le plus ignoré, le sentiment de ses aptitudes
spéciales le poussait à souhaiter une sphère
d'activité plus vaste. Aussi, malgré son jugement défavorable sur le climat de Strasbourg, songeait-il à s'y créer une position
quelconque. Il avait songé d'abord à la
succession de son ami **M. Jules Herren-
schneider** comme prédicateur-vicaire (*Freiprediger*); mais cette place, dont le titulaire
est chargé de suppléer tous les pasteurs
de la ville momentanément empêchés de
remplir leurs fonctions, fut donnée à **M. Aug.
Eschenauer**, dont Schillinger devait être plus
tard le collègue à la paroisse française de
Saint-Nicolas.

V.

Ce fut à ce moment que M. Schmidt, le
digne pasteur de l'église de Sainte-Aurélie,
proposa à notre ami de devenir son vicaire.
Bien que cette position fût des plus modestes
au point de vue pécuniaire, Schillinger l'accepta, poussé par le désir de se retrouver
dans une ville d'études, au milieu de ses anciens maîtres et avec d'anciens amis.

Vers la fin de l'automne 1865 il s'installa
donc à Strasbourg, qui devint dès lors le
centre de son activité et qu'il ne devait plus
quitter que pour des absences de courte
durée. Au début, il se fit peu remarquer
comme prédicateur. L'auditoire qu'il trouvait
à Sainte-Aurélie imposait à Schillinger une
extrême simplicité dans le choix et le déve-

loppement de ses sujets, car il était trop con-
sciencieux pour prêcher, comme on dit vul-
gairement, «par dessus la tête de ses paroissiens». Cette simplicité absolue dans la forme
et le fond écartait naturellement de sa prédication les mouvements oratoires, auxquels
d'ailleurs la langue allemande se montre
beaucoup plus rebelle que le français. Ceux-
là même qui «passaient la rivière» et venaient — en petit nombre — s'enquérir des
talents du nouveau prédicateur de Sainte-
Aurélie, ne pouvaient donc juger équitable-
ment des qualités oratoires de notre ami. Ce
n'est que plus tard, et comme prédicateur français, que Schillinger trouva enfin l'auditoire
qu'il méritait.

En 1866 il put croire un instant qu'une
sphère d'activité nouvelle s'ouvrirait devant
lui. Le sous-directeur de l'Internat de Saint-
Guillaume, M. J. Thomas, venait d'être
appelé comme professeur de littérature française au Gymnase de Stuttgart. M. le pasteur
Blind, de Sainte-Aurélie, qui faisait partie
de la commission administrative de l'Internat, engagea vivement son jeune collègue à
se présenter pour ce poste, lui promettant à

peu près qu'il aurait la majorité des voix. Schillinger se réjouissait déjà « d'avoir trouvé un genre d'activité qui répondait à ses goûts et dans lequel il pouvait espérer faire quelque bien.» Sa nature franche et loyale, sa tolérance parfaite, sa scrupuleuse équité le mettaient à l'abri du soupçon qu'il favoriserait telle nuance théologique parmi les étudiants au détriment de telle autre. Mais il était *libéral*; comment le parti orthodoxe aurait-il pu tolérer qu'un «infidèle» fût mis en mesure d'influencer ses jeunes adeptes et ses futurs soutiens? Aussi se hâta-t-il de soulever l'opinion publique contre notre ami. Les prétextes furent bientôt trouvés. Le grief principal qu'on fit valoir contre Schillinger fut qu'il avait signé l'adresse des pasteurs libéraux à **M. Martin-Paschoud**, dont le Consistoire de Paris poursuivait alors la révocation d'une façon si scandaleuse. Schillinger collaborait en outre au *Disciple de Jésus-Christ,* et était lié avec **M. Maurice Schwalb**, qui venait de prendre la rédaction de la *Revue de Théologie* des mains de **M. Colani**, et que nos orthodoxes abhorraient tout particulièrement. La nomination au poste modeste qu'ambitionnait Schillinger dépendait en première instance de la Commission de Saint-Guillaume, en seconde instance du Séminaire protestant. On agit puissamment sur les membres orthodoxes ou simplement indécis de ces deux corps. Les séances du Consistoire supérieur devaient s'ouvrir bientôt après. Or, c'était l'époque où l'orthodoxie parisienne essayait de s'emparer de la suprématie dans l'Eglise. Les deux corps en question comptaient dans leur sein un certain nombre de politiques ou de *trembleurs* qui ne jugèrent pas à propos de se brouiller avec les délégués influents de la capitale pour un obscur candidat en théologie. Il existe une relation détaillée de toutes ces intrigues, due à la plume de Schillinger lui-même, écrite avec cette bonhomie railleuse qu'il savait trouver à l'occasion, et sans aucune trace de rancune contre ceux qui ne lui avaient point tenu parole. Les promesses et les menaces mises en œuvre, les efforts tentés pour trouver un candidat à opposer à celui dont on ne voulait à aucun prix, tout cela fournirait de véritables scènes de comédie à notre récit. Mais nous n'avons garde d'oublier que plusieurs d'entre les acteurs de ces scènes sont encore en vie, et comme nous voulons éviter avant tout de ranimer de vieilles rancunes autour d'une mémoire qui nous est chère, nous nous abstiendrons de donner de plus amples détails sur ce sujet. Il suffira de dire que la Commission renvoya l'élection au Séminaire et que celui-ci désigna, par six voix, contre cinq données à Schillinger, le concurrent qu'on avait fini par trouver pour le poste de sous-directeur à Saint-Thomas. Cet échec fut sensible à notre ami ; pour nous, qui jugeons à distance, nous ne pouvons pas trop le regretter. Sans doute, Schillinger eût trouvé comme sous-directeur une occupation plus conforme à ses goûts, mais il aurait aussi perdu dans cette position officielle, quoique subalterne, la liberté de mouvements qu'il lui fallait avant tout, et la possibilité de prendre une part active aux débats sur les grandes questions ecclésiastiques auxquelles il s'intéressait de plus en plus. Ajoutons encore, pour expliquer certaines défaillances et certaines accusations que le parti orthodoxe se permit de porter, en cette occurrence, contre notre ami, que Schillinger était

alors encore peu connu; d'ailleurs plus d'un
de ses adversaires qui le connaissait mieux
déclarait qu'il le respectait tout en le combattant. Depuis, plus d'un d'entre ceux qui
le repoussaient à cette époque s'est senti
pressé par sa conscience d'avouer qu'il l'avait
mal jugé autrefois.

Le reste de l'année se passa dans d'obscurs
travaux. Depuis un an, Schillinger consacrait
assidûment trois soirées par semaine, avec
son ami Jeanmaire, à préparer son examen
de licence. Il songeait encore, à cette époque,
bien que vaguement, à conquérir une place
dans l'enseignement théologique; il était
d'ailleurs tenu, par les statuts de la fondation
Schenkbecher, à passer ses examens pour un
grade supérieur à celui de bachelier en théologie.

L'année 1867 vit commencer la réalisation
de ses vœux les plus chers, le groupement
des forces libérales, éparses et sans cohésion
dans l'Église d'Alsace. «La grande affaire,
écrivait-il à l'un de ses amis, le 10 mars 1867,
la grande affaire du moment, pour moi, c'est
la fondation d'une association libérale entre
les pasteurs de l'Alsace. C'est effrayant comme

les jeunes libéraux, même les plus ardents, se laissent peu à peu gagner par l'orthodoxie. L'intérêt y est peut-être pour quelque chose, car les orthodoxes tiennent plus ou moins le haut du pavé dans notre Église, mais la cause principale, à mon avis, c'est qu'ils sont excessivement actifs et remuants, tandis que les pasteurs libéraux ne font rien et ne peuvent rien faire, puisqu'ils ne sont pas groupés et qu'ils n'ont pas de centre. Assurément, nous n'obéirons jamais à un mot d'ordre, comme fait le parti orthodoxe. Toutefois, je crois qu'il sera utile de nous compter, de nous unir, et il est urgent que cela se fasse maintenant. Si cette phthisie lente qui mine le parti libéral continuait encore une dizaine d'années, il n'en resterait plus aucun vestige en Alsace. »

Schillinger était trop jeune pour pouvoir se mettre en évidence ; ce qu'il voulait d'ailleurs, ce n'était pas le triomphe de son ambition personnelle, mais le triomphe des idées qui lui étaient chères. Ce fut un homme populaire à juste titre parmi les jeunes générations théologiques et dont la personne était sympathique même aux adversaires de ses idées religieuses, **M. J. G.** Baum, professeur au Séminaire protestant, qui fut choisi comme président de cette *Association évangélique protestante* des pasteurs libéraux d'Alsace. Schillinger en devint le secrétaire et en resta l'âme jusqu'au moment de sa mort.

VI.

En même temps qu'il faisait ainsi le premier pas dans une carrière où il devait rendre
tant et de si grands services à la cause libérale, Schillinger travaillait assidûment à son
propre développement scientifique. En mars
1867 il écrivait, par exemple, dans son journal : «J'étudie en ce moment, et simultané-
ment, l'*Histoire évangélique* de Hase, l'*In-
troduction à l'Ancien Testament* de Bleek,
la *Dogmatique* de Schleiermacher, et je ré-
sume en outre les *Homélies Clémentines*.»
Par moments aussi, il allait dans le monde,
car Schillinger n'était pas de ces ascètes rigo-
ristes qui fuient la société et ne la voient qu'à
travers mille préjugés hostiles. Il tenait à
nouer des relations suivies avec toutes les

personnes intelligentes qu'il pouvait rencon-
trer, quelles que fussent d'ailleurs leurs opinions politiques ou religieuses. Il s'intéressait lui-même à toutes les questions sociales,
économiques et scientifiques qui se discutaient autour de lui; il comprenait trop bien
que le pasteur, pour conserver une influence
que les mœurs de l'époque tendent à dimi-
nuer chaque jour, ne doit rester étranger à
aucun de ces problèmes brûlants qui agitent
les esprits contemporains.

Cependant, si Schillinger quittait sans répugnance son cabinet de travail pour les
salons de Strasbourg, il n'était nullement
poussé par le désir de s'amuser ou de se dis-
traire. Nous pourrions tirer de son journal
mainte boutade contre les «corvées sociales»
qui montrerait quel but sérieux il poursuivait
en fréquentant la société de notre ville, où
l'on aimait à recevoir le causeur à la fois naïf
et spirituel, l'homme instruit, narrateur inté-
ressant ou auditeur attentif selon qu'il s'agissait d'instruire les autres ou de profiter de
leurs connaissances.

Le meilleur de son temps était naturellement consacré aux fonctions spéciales de son

ministère, à la prédication et à l'instruction religieuse des enfants confiés à ses soins. Cette dernière tâche surtout lui causait bien des déboires, «les enfants étant presque hors d'état de suivre une explication en allemand, si simple qu'elle soit», comme il le marque lui-même dans ses notes.

Il ressentit douloureusement, à cette époque, le départ de M. Blind, pasteur à Sainte-Aurélie, qui pendant deux ans n'avait pas été seulement son supérieur et son collègue, mais surtout «un ami affectueux». L'agonie et la mort du digne ecclésiastique firent une impression profonde sur l'esprit de Schillinger; nous en retrouvons la trace dans son journal. Quelques-uns de ses amis lui conseillèrent dès lors de se présenter pour succéder au défunt; mais le caractère spécial de la paroisse de Sainte-Aurélie, le peu de relations plus intimes établies entre Schillinger et cette fraction* du protestantisme strasbourgeois dont il serait ainsi devenu le conducteur officiel, le détournèrent d'une candidature qui, peut-être, aurait trouvé quelques chances dans l'appui que lui offrait le président du Consistoire lui-même. D'ailleurs, sa santé s'était de nouveau altérée et vers Pâques 1867 il avait dû interrompre tout travail sérieux. Sur les conseils de son médecin, M. le professeur Küss, il se décida même à quitter Strasbourg pour Riquewihr, où il pouvait être soigné plus facilement dans la maison hospitalière de son beau-frère. L'idée de la mort lui apparaissait souvent, et nous trouvons, vers cette date, une note dans son journal qui marque d'une façon touchante cette disposition d'esprit :

« 24 mars. — Rodolphe me disait hier qu'un de nos camarades d'Iéna, étudiant en médecine, lui avait déclaré un jour que je ne passerais pas l'année. Il y a cinq ans de cela et j'ai vu partir depuis plus d'un garçon que j'aimais. J'ai prié Dieu ce matin, qu'il se montre fort dans ma faiblesse et qu'il me permette de faire quelque chose pour l'avancement de son règne. Ah ! si cela se pouvait !»

Il revint à Strasbourg, fortifié par un long repos, et se mit courageusement à l'ouvrage. En même temps qu'il reprenait ses prédications et son instruction religieuse, il recommençait aussi ses études scientifiques. Depuis le commencement de 1867, M. le professeur

Colani réunissait autour de lui quelques théologiens d'un âge plus mûr, pour discuter avec eux des questions théologiques et philosophiques. Schillinger fit partie de ce cénacle, qui d'ailleurs n'exista pas longtemps, avec plusieurs de ses amis, Kaufmann, Jeanmaire, Carrière, etc. Il y parla peu, si je ne me trompe, mais il profita beaucoup du contact plus immédiat avec un esprit supérieur. En même temps, il avait la satisfaction de voir prospérer l'*Union libérale* des pasteurs d'Alsace. Il écrivait à la fin d'octobre :

«...Ma conférence... je dis la mienne, puisque c'est bien moi qui en ai eu l'idée et qui ai rassemblé les membres de la réunion préparatoire. Je suis heureux et fier de mon œuvre, qui a parfaitement réussi. Le 21 octobre nous étions une soixantaine chez Baum. J'y ai parlé de la création d'un journal libéral. L'impulsion, cette fois, venait de Paris, mais nous commencerons à nos risques et périls. Kaufmann et moi nous nous sommes adjoints Gerold. Schæffer [1] a pris une part très-active

1. M. Ad. Schæffer, pasteur à Colmar.

à la mise en œuvre du projet. Réussirons-nous ?»

Ce même automne, Schillinger se rendit dans le Palatinat pour assister au *Protestantentag* qui se tenait à Neustadt an der Hardt, et pour entendre et voir de plus près les chefs du libéralisme allemand. Mais nous ne retrouvons aucune indication plus détaillée sur son voyage. C'est ainsi que se termina pour lui l'année 1867, dont il prenait congé, le 31 décembre, sur le coup de minuit, par ces mots :

«Adieu 1867 ! J'ai beaucoup souffert dans cette année, beaucoup joui, moins aimé que je n'aurais dû. Que de résolutions qui sont restées inexécutées ! Dieu, sois avec moi, rends-moi fort, permets-moi de te servir avec amour, ne m'abandonne pas !»

De l'année qui suivit, le journal de notre ami ne dit que peu de chose. Schillinger eut à prêcher constamment pour le respectable pasteur Schmidt, qui ne montait plus en chaire ; il donnait en outre jusqu'à quatorze leçons par semaine — instructions religieuses et autres — pour subvenir à ses dépenses, sans avoir à recourir aux ressources paternelles. Enfin, le journal annoncé venait de paraître et Schillinger, avec l'entrain qu'il mettait en toute chose, s'y consacrait tout entier. Le *Progrès Religieux*, malgré l'exiguité de son format et ses débuts modestes — au 2 février 1868 il comptait quatre cent cinquante abonnés — ne tarda pas à gagner de l'influence et à susciter les colères de la feuille orthodoxe de Paris, *Le Témoignage*, qui seul jusqu'ici avait représenté l'Église de la Confession d'Augsbourg dans la presse religieuse de langue française. Schillinger, qui ne reculait pas devant la polémique quand elle lui semblait nécessaire, mania toujours — j'ai hâte de le dire — la plume du polémiste avec une courtoisie parfaite, et s'il se moqua parfois d'adversaires ridicules, il eut soin de ne jamais blesser des convictions sincères et partant respectables à ses yeux.

Mais l'année 1868 lui laissa surtout un agréable souvenir par les voyages auxquels il consacra ses vacances. Il était allé voir d'abord, au Hâvre, la famille Delaroche, chez laquelle il avait été précepteur. On l'y pria de faire avec le jeune Raoul Delaroche un tour en Angleterre et en Ecosse. Ce voyage,

qui fut le plus lointain de ceux entrepris
par Schillinger, a été décrit par lui, ou du
moins il eut l'intention d'en recueillir les
souvenirs. Mais il ne s'est retrouvé parmi
ses papiers que quelques notes à peine
lisibles et nous pouvons seulement dire que
notre ami visita rapidement Londres, Liver-
pool, Edimbourg et Glasgow, avec son jeune
compagnon de voyage. Il séjourna un peu
plus longtemps au milieu des sites pittoresques et sauvages de l'Ecosse septentrio-
nale, visitant Stirling, la vieille résidence des
rois écossais, le Loch Lomond et le Loch
Katrine ; dès le 20 août il revenait au Hâvre.
De là, tandis que la famille Delaroche s'ache-
minait sur Bade, Schillinger alla faire une
visite à son ami Jeanmaire, nouvellement
installé dans sa paroisse de Badevel, au pays
de Montbéliard ; puis, rejoignant le 25 août
ses amis havrais, il parcourut avec eux, très-
rapidement il est vrai, le nord et l'est de la
Suisse. Il admira successivement la chute du
Rhin près de Schaffhouse, les gorges abruptes
de Pfæffers, les bords accidentés du lac de
Lucerne, et regagna directement Paris, après
s'être un instant arrêté dans l'Oberland ber-

nois. Du 4 au 16 septembre, il se reposa au Hâvre et quitta les Delaroche avec un vif regret. «J'ai bien de la peine, écrivait-il dans son journal, à m'arracher à cette famille que j'aime tant et qui, de son côté, m'a conservé, je crois, une bonne affection.»

VII.

A son retour, Schillinger s'occupa avant
tout de réaliser un nouveau progrès dans la
diffusion des idées libérales. Depuis quelques
années déjà, le parti orthodoxe avait organisé
à Strasbourg des conférences, montrant ainsi
l'usage qu'on pouvait faire de la parole, en
dehors de la prédication proprement dite,
pour la propagation des idées religieuses.
Schillinger voulut que les libéraux eussent,
eux aussi, des conférences, où les coryphées
du parti prendraient la parole; il se promet-
tait d'elles une influence plus étendue que
des sermons prononcés chaque dimanche par
les pasteurs. Tout le monde autour de lui ne
partageait point sa confiance; les uns pen-
saient que les orateurs manqueraient, les

autres craignaient que le public ne fît défaut. Schillinger ne se laissa point effrayer par ces prédictions pessimistes. Il fit organiser, sous le patronage de l'*Union évangélique*, un comité des conférences, composé de quelques laïques influents et de deux pasteurs. Lui-même en fut le secrétaire et l'âme. Une liste de conférenciers fut dressée, l'autorisation officielle demandée et obtenue, et le 11 janvier 1869 commençait la première série des conférences de Saint-Nicolas, qui depuis n'ont pas cessé de consolider la cause libérale parmi nous, en affirmant la vitalité de son principe, et en montrant le rayonnement de son influence, et qui, peut-être, ont gagné plus d'un cœur aux vérités mieux comprises de l'Évangile. Les orateurs alsaciens donnèrent vaillamment à côté des conférenciers de l'intérieur et de ceux de l'Allemagne. Schillinger avait voulu que sur ce terrain du libéralisme religieux les distinctions nationales fussent, autant que possible, effacées, et depuis le premier jour Français, Suisses, Allemands, Belges et Hollandais se sont succédé à la tribune de Saint-Nicolas, pour rendre témoignage, chacun à sa manière, au

grand principe de la liberté religieuse que
ces conférences avaient pour but de proclamer et de défendre. Ce ne fut pas sans fruit
assurément que tant d'hommes distingués
parlèrent religion au public de Strasbourg
pendant l'hiver 1868-1869, et quelques jours
après la clôture des réunions de Saint-Nicolas, Schillinger pouvait écrire dans son journal : «Nos conférences ont réussi au-delà de
toute espérance.» Lui-même n'avait point
voulu se produire cette fois, afin qu'on ne
pût l'accuser de se mettre en avant. Sa grande
modestie d'ailleurs l'empêchait de voir qu'il
possédait les qualités du vrai conférencier et
qu'il réussirait parfaitement dans ces causeries familières où l'esprit et le bon sens
sont de mise plutôt que la grande éloquence
et les effets de rhétorique. Mais le succès
qu'il obtint peu de temps après aux Conférences pastorales de Paris, lui prouva qu'il
avait tort de se défier de ses forces. Ces réunions fraternelles du parti libéral avaient eu
lieu du 11 au 13 avril 1869. Schillinger y prit
la parole comme délégué de l'*Union évangélique* et impressionna vivement son auditoire
par le tableau à la fois spirituel et exact qu'il

retraça des agissements du vieux luthéranisme en Alsace.

Vers la même époque, il publia un de ses sermons dans un recueil pastoral, *Die Predigt der Gegenwart,* fort répandu en Allemagne, et fit paraître à Strasbourg même sa traduction allemande de l'opuscule de **M. Ed.** Laboulaye, L'*Evangile de la bonté.*

Au mois de mai, il entreprit un petit voyage sur les bords du Rhin, en compagnie de **M.** Ackermann, pasteur saxon, l'un de ses camarades d'études à Iéna. Il se rendit d'abord à Worms pour assister à l'inauguration du monument de Luther. De là, les deux amis poussèrent jusqu'à Cologne et revinrent par Ems, Wiesbade, Francfort et Mayence. Schillinger rentra à Strasbourg, le 8 juin, très-satisfait de cette excursion rapide, qu'il a longuement décrite dans son journal.

Quelques semaines plus tard, il prit la parole à la Conférence pastorale de Strasbourg, pour soutenir une proposition de **M.** le professeur Lichtenberger. Celui-ci demandait à la Conférence d'émettre un vote en faveur de la nomination des pasteurs par les paroisses. **A** cette occasion s'établit pour la première fois un accord, malheureusement éphémère, entre ce qu'on pourrait appeler la gauche libérale et le centre droit dans notre Église. On se rencontra, non sur le terrain dogmatique, où l'entente était impossible, mais sur celui des libertés ecclésiastiques, et l'on résolut de faire campagne ensemble pour réclamer les droits des fidèles, confisqués par le décret-loi de 1852. La Conférence pastorale, il est vrai, refusa d'entrer dans la voie que lui indiquait notre ami. Elle était moins que toute autre assemblée à même d'examiner froidement ce grave problème, ses membres étant directement intéressés dans la question. Mais à la suite de l'initiative prise par l'honorable doyen actuel de la Faculté de théologie de Paris, on vit se former un Comité mixte, où des laïques orthodoxes et libéraux se rencontraient dans un même but, où M. Lichtenberger et M. Colani, où les directeurs du *Sonntagsblatt* et du *Progrès Religieux* s'associaient dans une revendication commune des libertés de l'Eglise et des droits des fidèles. La guerre vint malheureusement arrêter ce mouvement, qui avait trouvé en Alsace des adhérents nombreux ; et quand l'orage fut passé et que les questions ecclésiastiques furent reprises, les autres partis religieux — nous ignorons pour quels motifs — laissèrent à l'*Union protestante libérale* l'honneur et le danger de continuer seule la lutte.

Une autre entreprise qui, dès ce moment, tenait à cœur à Schillinger, ne devait également aboutir que plus tard. En même temps que les conférences pastorales, avaient eu lieu, chez M. le professeur Baum, les séances annuelles de l'*Union évangélique*. Notre ami, sachant combien les pasteurs sont impuissants à provoquer un mouvement de réforme libérale dans l'Eglise, s'ils ne sont pas secondés par les fidèles, proposa à ses collègues de constituer une *Union libérale laïque*. C'était une œuvre aussi utile que nécessaire, et Schillinger parvint à la fonder deux ans plus tard, quand les bouleversements dont l'orthodoxie allemande menaçait notre Eglise d'Alsace eurent ouvert les yeux aux plus indifférents. Mais à ce moment, beaucoup de ses collègues parmi ceux-là même qui se disaient libéraux, étaient opposés à l'intervention des laïques dans les questions ecclésiastiques et religieuses. Ils y voyaient je ne sais quelle usurpation, et étaient plus portés à s'en plaindre qu'à s'en réjouir. Un certain esprit de caste s'en mêlait involontairement et poussait des pasteurs à dire qu'ils «ne seraient plus entre eux» si l'*invasion* des laïques commençait. Cette manière de voir l'emporta, et on se contenta d'admettre, en qualité d'hôtes, certaines catégories de laïques, les membres des Consistoires, les inspecteurs laïques, etc., résultat qui chagrina Schillinger, sans toutefois le décourager.

VIII.

En août 1869 se préparèrent les événements
qui devaient, dans une certaine mesure, changer l'existence de Schillinger et le placer dans
une tout autre sphère d'activité. M. Frey,
l'un des deux pasteurs de l'Eglise française
de Saint-Nicolas, mourut. Plusieurs concurrents, M. Adolphe Schæffer, docteur en théologie, pasteur à Colmar, M. Alfred Kaufmann et notre ami, se présentèrent pour la
place vacante. Nous n'avons point à raconter
ici les péripéties de cette élection. Un instant
Schillinger crut qu'il serait nommé, tout «en
ayant presque peur» de l'être. Quand son
ami Kaufmann eut été appelé par le Directoire à la place de M. Frey, Schillinger —
qui s'en étonnerait ? — eut un moment de

vive déception, mais il s'en remit bientôt. «Je me dis, écrivait-il dans son journal, que Dieu l'a ainsi voulu ; j'ai assez souvent prêché aux autres que tout ce que Dieu nous envoie est pour notre bien, pour en faire une fois l'application à moi-même. Je crois y avoir réussi, mais non sans peine.»

Ce qui faisait que Schillinger éprouvait tant de regrets à se voir éloigné d'une sphère d'activité qu'il se croyait à jamais fermée, c'est qu'il sentait bien que, dans sa situation présente, il n'était point à sa place, et qu'il ne faisait pas tout le bien qu'il aurait pu faire. Quelque bizarre que puisse paraître ce fait à ceux qui se souviennent de sa parole si claire, si lucide, si parfaitement simple et pourtant si pénétrante, il était peu compris et peu goûté dans la paroisse à laquelle il était attaché. Nous ne voulons pas dire par là qu'il n'y avait point trouvé des amis ; mais il est certain que la plupart des personnes qui l'entendaient d'ordinaire ne se doutaient nullement de la haute valeur intellectuelle et morale du modeste vicaire de Sainte-Aurélie. Sa prédication était assez peu suivie et généralement peu appréciée. Peut-être Schillinger, malgré

ses efforts, ne réussissait-il pas à se mettre
suffisamment au niveau d'un auditoire presque rural, et la lecture des grands sermon-
naires d'outre-Rhin, d'un Schwarz, d'un
Rothe, etc., donnait-elle à son style trop d'é-
lévation. Peut-être aussi la langue allemande,
bien qu'elle lui fût familière dès son enfance,
voilait-elle la netteté ordinaire de sa pensée.
Toujours est-il qu'on lui reprochait parfois
un manque de simplicité. Lui-même écrivait
dans son journal, à la date du 5 septembre
1869 : «Je viens de prêcher sur Luc VII,
36-50. Je crois que depuis que je prêche plus
simplement, je fais plus de bien. J'ai le plus
vif désir de ne pas parler en vain, et je sup-
plie chaque fois, en montant en chaire, Dieu
de bénir mon discours.»

Les vacances d'automne furent remplies
par de nouvelles luttes ecclésiastiques auxquelles Schillinger prit une large part dans le
Progrès Religieux. Des élections devaient
avoir lieu pour le Consistoire supérieur. Il
s'agissait pour le libéralisme de conserver les
positions acquises et d'en conquérir peut-être
de nouvelles. La lutte fut vive, surtout dans
l'inspection de Saint-Thomas. M. F. G. Berg-

mann, le savant doyen de la Faculté des lettres, était le candidat des libéraux, M. Bœgner, professeur honoraire au Gymnase, celui de l'orthodoxie. Un homme des plus respectables d'ailleurs, mais représentant des idées étroites dans le domaine religieux, M. Steinheil, de Rothau, depuis député des Vosges à l'Assemblée Nationale, entama une polémique virulente contre le candidat libéral, lui reprochant, entre autres, d'avoir fait descendre l'homme du singe, dans un de ses ouvrages. La discussion commencée dans les feuilles religieuses se continua dans la presse politique ; mais les électeurs ruraux eux-mêmes ne se laissèrent pas effrayer par les manifestes orthodoxes, et M. Bergmann obtint la majorité des suffrages. — Schillinger pouvait écrire avec satisfaction dans son journal : «La lutte a été vive, la liberté de la science a été clairement proclamée.»

Après la session du Consistoire supérieur, dans laquelle la plupart des *desiderata* du parti libéral, tels qu'ils avaient été formulés par le *Progrès Religieux,* furent pris en considération, Schillinger alla se reposer pendant quelque temps à Riquewihr, au sein de sa famille. Immédiatement après son retour, il dut s'occuper de la réorganisation des conférences pour l'hiver 1869-1870. Il s'engagea lui-même, non sans quelque crainte, à entrer dans la série des orateurs et à parler devant un public bien différent de celui qu'il avait d'habitude sous les yeux.

L'église de Saint-Nicolas, dans laquelle il s'apprêtait à prendre passagèrement la parole, allait s'ouvrir inopinément à lui, d'une façon durable. M. Alfred Kaufmann, le successeur de M. Frey, nommé en automne, n'avait point encore pris possession de sa chaire. L'état de sa santé, de grandes crises intérieures qui travaillaient alors cette intelligence distinguée, l'amenèrent finalement à déposer un mandat qui désormais l'effrayait plus qu'il ne l'attirait. Sa démission, dictée par les scrupules d'une conscience délicate et le plus pur sentiment du devoir, causa d'unanimes regrets à ses amis. Leurs sympathies l'accompagnèrent dans la capitale, où bientôt il sut conquérir dans la presse quotidienne la position honorable et respectée qu'il occupe encore aujourd'hui.

La place de second pasteur à l'Église française redevenant vacante, tous poussèrent Schillinger à la briguer encore une fois. Il n'était pourtant pas sûr du succès. Bien qu'il eût parfois prêché en français, il était peu connu du grand public comme orateur. Plusieurs concurrents se présentaient d'ailleurs. L'un d'eux, M. Jeanmaire, ami de vieille date, et digne en tous points d'occuper cette chaire, se retira aussitôt qu'il apprit que Schillinger songeait à se remettre sur les rangs. Cet acte d'abnégation était d'autant plus méritoire que celui qui l'accomplissait avait de nombreux appuis dans les régions du Directoire et que ses chances étaient des plus sérieuses. Schillinger lui conserva toujours une profonde reconnaissance d'un sacrifice dont il savait apprécier la grandeur. Le second des concurrents, vieillard de près de soixante-cinq ans, avait occupé dix postes divers dans l'Église réformée de France, sans avoir jamais réussi à se fixer quelque part. De plus, il se rattachait à l'orthodoxie, déjà représentée, dans une paroisse presque exclusivement libérale, par le collègue de M. Frey. Ces motifs réunis auraient dû le faire écarter de prime-abord ; mais il avait des liens de famille avec des personnages hauts placés en Alsace et à Paris, et ces influences étrangères lui avaient gagné les suffrages d'une partie du Directoire.

Heureusement que Schillinger, encore peu connu comme prédicateur, était partout estimé comme homme, et justement apprécié comme l'un des directeurs du *Progrès Religieux*. Il avait toujours réclamé dans cette feuille l'élection des pasteurs par la paroisse. Cette fois-ci, les électeurs de Saint-Nicolas, qui ne voulaient point d'un homme étranger à leurs sentiments et à leurs besoins religieux, se prononcèrent fortement en faveur du candidat libéral. Ceux-là même qui ne partageaient pas toutes les opinions du théologien, aimaient et respectaient l'homme et le chrétien. Cette agitation spontanée en faveur de Schillinger était d'autant plus remarquable que les exemples en étaient alors plus rares ; elle parut même un peu séditieuse aux yeux du Directoire. L'autorité supérieure n'aimait pas le suffrage universel dans l'Église et les paroisses ne jouissaient point alors du droit, si modeste pourtant, qui a été conquis depuis, grâce aux efforts de l'*Union libérale*, d'exprimer officiellement leurs vœux au sujet du choix de leurs pasteurs. En peu de jours, plus de la moitié des paroissiens de Saint-Nicolas apposèrent leur nom au bas d'une pétition qui demandait au Directoire la nomination de notre ami. Celui-ci commençait à croire au succès. Cependant, le 3 janvier 1870, il écrivait encore dans son journal: «Si j'échouais, je serais bien malheureux, et cependant, qui sait si je n'aurais pas sujet d'en remercier Dieu.» A cette même date avait eu lieu le renouvellement du Conseil presbytéral de l'Église française, et le Directoire, cédant à la pression de l'opinion publique, accordait à ce corps la faveur d'émettre *officieusement* un avis sur la nomination pendante. Cet avis, comme on le pense, fut favorable à Schillinger, et le 11 janvier, le Directoire, à la majorité des voix — notre ami sut plus tard, à ce sujet, des détails qu'il a notés dans son journal, mais que nous ne voulons point relater ici — le nommait pasteur à Saint-Nicolas. Le 13 janvier, une lettre de M. Braun, président du Directoire, lui transmettait officiellement l'arrêté directorial. Mais dès la soirée du 11, le résultat du vote s'était ébruité en ville, et les nombreux amis et con-

naissances accourant pour féliciter Schillinger, lui prouvèrent avec quelle rapidité la
nouvelle s'était répandue et avec quelle satisfaction elle avait été accueillie.

Ce même soir il écrivait dans son journal :
«J'ai été nommé pasteur à Saint-Nicolas ;
Dieu me donne un beau champ d'activité ;
puissé-je suffire ou ne pas rester inférieur à
la tâche !... Je ne sais si je me trompe, mais
on paraît réellement prendre part à mon
succès. Rodolphe et Carrière viennent de
passer la soirée avec moi dans ma chambrette.
Ils viennent de me quitter ; il est près de minuit. Merci, mon Dieu, que je sois digne de
tant de bienfaits !»

Nous devons encore mentionner un fait
qui, chronologiquement, trouve sa place ici,
et qui, mieux que toutes les paroles, montre
le dévouement de Schillinger aux idées libérales et son abnégation pour ses amis. Pendant les premiers jours de l'année 1870, alors
que tout autre aurait tourné son activité vers
la réussite de ses propres affaires, il faisait
des visites nombreuses et des démarches pressantes pour réunir les fonds nécessaires à la
création d'un nouvel organe de la science

théologique de langue française. Cette revue
devait remplacer la *Revue de théologie* de
M. Colani, inopinément arrêtée par son émi-
nent directeur, alors que ni les collaborateurs
ni les abonnés ne lui faisaient précisément
défaut. Le secrétaire de la *Revue*, M. Auguste
Carrière, était très-lié avec Schillinger. Pour
retenir à Strasbourg le jeune et docte hé-
braïsant, actuellement secrétaire de l'École des
langues orientales vivantes à Paris, et pour
conserver une tribune scientifique à la théologie libérale en France, notre ami cherchait
à jeter les bases matérielles d'un périodique
nouveau, que M. Carrière aurait publié, de
concert avec quelques autres jeunes savants.
Sous le nom d'*Annales théologiques*, il aurait
continué la tâche trop tôt interrompue de la
célèbre revue qui fut l'organe de l'École de
Strasbourg. Des circonstances indépendantes
de la volonté de Schillinger retardèrent et
plus tard firent échouer la réalisation d'un
projet auquel les événements politiques qui
surgirent n'auraient pas permis sans doute
un long avenir.

Un décret impérial du 26 janvier vint con-
firmer la nomination du nouveau pasteur de

l'Église française de Saint-Nicolas. Quelques jours plus tard, Schillinger prononçait avec succès sa conférenee sur le *babysme,* cette religion curieuse, récemment éclose en Perse et consacrée déjà par le sang de tant de martyrs. Quinze jours après, le 13 février 1870, eut lieu l'installation officielle du jeune pasteur. M. l'inspecteur Bruch le présenta solennellement à ses nouveaux paroissiens, que celui-ci promit d'aimer et de conseiller avec tout le dévouement dont il serait capable. Dieu sait s'il a rempli ses promesses! Ce fut un des moments les plus heureux dans son existence, un moment où tout sembla lui sourire. Il quitta ses ouailles de Sainte-Aurélie dans les meilleurs termes. Le conseil presbytéral lui prouva, par un don très-inattendu, qu'il avait été sensible à ses bons services, et plus d'un paroissien vint lui faire personnellement ses adieux. Schillinger lui-même aimait à raconter, non sans émotion, mais aussi avec cet *humour* dont il avait le secret, les adieux que lui fit une vieille et bonne paysanne de la paroisse, en lui disant que «les autres l'avaient toujours bien peu estimé, mais que pour elle, elle avait toujours pensé qu'il deviendrait encore quelque chose.» Malheureusement l'accent du dialecte strasbourgeois et la mise en scène, qui donnaient du sel à cette remarque naïve, ne peuvent se rendre ici.

Dans sa nouvelle paroisse de Saint-Nicolas tout s'annonçait pour le mieux. Le collègue de Schillinger, M. le pasteur Eschenauer, professait des opinions dogmatiques fort divergentes des siennes. Cependant on doit le dire à son éloge, comme à celui de notre ami, pendant les années qu'ils furent collaborateurs à la même œuvre, nulle dissension, nulle rivalité, si fréquentes, hélas! entre collègues, n'éclata entre eux. Il aurait été d'ailleurs bien difficile de résister au charme de ce caractère simple, naïf même par moments, et pourtant si fin, connaissant si bien les hommes et sachant les aborder et les prendre par leur côté le plus accessible, sans compromettre en rien la dignité du ministère et l'intégrité des principes. Nous l'avons dit déjà, mais nous croyons devoir le redire ici: nous avons connu bien des hommes, et des hommes remarquables, dans le cours d'une existence qui n'est plus à ses débuts, mais jamais nous n'en avons rencontré qui possé-

dât, autant que Schillinger, ce don merveilleux de réunir les esprits les plus divergents,
les tendances les plus contraires. Il savait les
amener par une douce persuasion, par une
habileté légitime, à s'associer à ses entreprises
et à ses projets, sans qu'on pût avoir seulement
l'idée de l'accuser de servilisme ou de mettre
en doute sa franchise.

Bientôt les paroissiens de Saint-Nicolas
s'attachèrent plus intimement à leur nouveau pasteur. Elle était petite alors, la com-
munauté, et c'était une tâche assez facile d'en
connaître de plus près tous les membres.
La bonté de cœur, la franche sympathie
qu'il témoignait aux malheurs d'autrui,
gagnèrent rapidement à Schillinger l'estime
et l'affection de ceux-là même qui ne com-
prenaient ou n'approuvaient pas ses idées.
Beaucoup de parents qui n'appartenaient
point à la paroisse lui confièrent l'instruction
religieuse de leurs enfants. C'était une tâche,
bien difficile certainement, mais aussi pleine
d'attraits, à laquelle il se vouait avec une
grande joie. Souvent nous l'avons vu se réjouir comme un enfant, en attendant quel-
ques-unes de ses petites élèves, auxquelles il

venait de préparer quelques modestes cadeaux et qu'il se proposait d'instruire et d'amuser un peu pendant un de ses rares après-midi libres. «Tout a continué à me sourire.» Ces mots sont presque les derniers de son journal, pour ce que nous voudrions appeler la première moitié de l'existence de notre ami. Il les écrivait à la date du 18 mars, sans se douter que cette date deviendrait historique à douze mois d'intervalle. Les lignes qui suivent immédiatement ouvrent un chapitre nouveau de son histoire, chapitre navrant pour lui, comme pour nous tous, et qu'il intitulait lui-même, le vendredi, 22 juillet : *La guerre de Prusse*, sans prévoir combien il serait long et comment il allait finir.

IX.

A partir de ce moment, nous allons laisser presque entièrement la parole à notre ami. C'est une page d'histoire que nous voulons offrir à nos lecteurs, ce sont les sentiments de Schillinger que nous devons avant tout leur faire connaître. Et où donc pourrions-nous puiser des renseignements plus exacts et plus complets sur ses actes et ses pensées que dans les feuillets épars auxquels il confiait ses souvenirs et ses impressions quotidiennes? Toutefois, il ne peut être question de donner ici le journal du défunt dans toute son intégrité. Ces notes, jetées par Schillinger sur le papier à un moment où il ne pensait pas qu'elles seraient jamais livrées à l'impression, renferment une série de

détails personnels trop insignifiants pour
qu'on songe à les reproduire en entier. Elles
contiennent, en outre, des appréciations sur
des actes si rapprochés de nous, des juge-
ments sur des personnes encore vivantes ou
récemment décédées, de sorte que le moment
ne nous paraît pas convenable de les transcrire.
Ce n'est pas que nous trouvions ces juge-
ments injustes ou trop durs en eux-mêmes;
mais, en agissant ainsi, nous croyons rester
fidèle à l'esprit de charité qui animait notre
ami. Lui, qui n'aimait pas à signaler la vanité
du prochain, qui, autant que possible, évitait
de froisser l'amour-propre d'autrui et s'étudiait à ne blesser aucun scrupule respectable,
n'aurait pas consenti, nous en sommes sûr,
à ce qu'une de ces appréciations justes, mais
sévères quelquefois, vint affecter douloureusement d'honorables familles, en les frappant
dans la personne d'un des leurs. Au risque de
désappointer la curiosité de certains lecteurs,
nous avons donc retranché tous les passages
en question. Peu importe au fond la suppres-
sion de quelques noms propres, puisque la
physionomie générale du récit n'en est point
altérée. D'ailleurs, le manuscrit original sub-

siste, et si un jour ces souvenirs de la guerre de 1870-1871 paraissent assez curieux pour être publiés une seconde fois, un nouvel éditeur, survivant à la génération contemporaine, pourra donner sans inconvénient les textes dans leur intégrité.

Cela dit, nous rentrons dans la narration des faits. Voici ce que Schillinger inscrivait dans son journal, à la date du 22 juillet :

« Il y a huit jours aujourd'hui que la guerre est déclarée. On la prévoyait depuis une semaine environ ; un instant seulement, le retrait de la candidature Hohenzollern au trône d'Espagne avait fait espérer le maintien de la paix. Erichson et Rodolphe étaient chez moi quand arriva la dépêche contenant la déclaration faite par M. de Gramont aux Chambres. Nous fûmes consternés. Pendant plusieurs jours je me suis trouvé incapable de me livrer à aucun travail sérieux. Dimanche je fis appel au dévouement de mes auditeurs pour les blessés... Aucun enthousiasme pour la guerre à Strasbourg... »

La vue des troupes qu'on agglomérait à la hâte autour de notre ville dans un pêle-mêle plus pittoresque que militaire, n'était pas

faite pour relever notre courage et nous
donner confiance dans l'issue de la lutte.
Schillinger connaissait bien l'Allemagne et
savait quelle était la puissance de son organisation militaire ; son cœur patriote saignait
d'autant plus en constatant l'incroyable impé-
ritie du gouvernement néfaste qui dominait
alors la France. La pensée de ses vieux parents l'inquiétait aussi, et, prévoyant peut-
être les désastres dont quelques jours nous
séparaient à peine, il éprouvait le désir bien
naturel de les revoir une fois encore. Il hésitait cependant à pousser jusqu'à Muhlbach,
craignant de ne plus pouvoir revenir à Strasbourg, et finalement les nouvelles rassurantes
qui lui vinrent sur leur compte par l'entremise de son beau-frère le décidèrent à rester.

Une nouvelle inattendue le força cependant
à s'éloigner de sa paroisse dans ce moment
critique. Un de ses oncles, qui habitait
Colmar, avait été frappé d'apoplexie fou-
droyante, le 30 juillet. Schillinger dut aller
assister à ses obsèques. Il revint dès le lendemain, mais les événements se précipitèrent,
on le sait, pendant les jours suivants avec
une rapidité si vertigineuse qu'il ne put re-

prendre la plume que le mardi, 9 août, pour résumer ainsi les impressions de la semaine :

«...Que d'événements pendant les derniers huit jours ! Lundi matin, 1ᵉʳ août, arrive Engelmann [1]; il venait prendre des nouvelles. Nous visitons ensemble le camp des turcos, hors la porte de Saverne. C'était fort pittoresque... A trois heures, j'assistai à un cours fait par le docteur Hecht aux infirmiers volontaires. Il nous montra les instruments nécessaires pour une amputation et fit l'amputation de la jambe à un cadavre. Mardi eut lieu l'engagement de Sarrebrück. Les journaux guerriers en firent une victoire; c'était probablement un spectacle donné au prince impérial. Les dépêches parlant du courage de cet enfant de quatorze ans, courage digne du nom qu'il porte, produisent une impression assez défavorable.

«Mardi, à trois heures, réunion des pasteurs de la ville pour délibérer sur l'organisation des aumôneries. Tous offrent leurs services. La *Société internationale des secours*

---

1. M. Engelmann était alors pasteur à Schœnbourg, près de La Petite-Pierre.

aux blessés avait déjà organisé une sous-section des aumôneries, rattachée à la section du matériel. Il y avait là MM. Paira, Reichard et moi, avec M. l'abbé Guerber, que nous nommâmes notre président, mais qui ne nous convoqua jamais, le service des aumôneries en ville appartenant à l'évêque...

«Jeudi, 4 août, j'appris au Casino théologique[1] qu'on se battait du côté de Wissembourg, engagement de Riedseltz. M. B... savait que les boulets étaient venus jusqu'à la gare de Wissembourg. En ville, on disait que Wissembourg était en feu. Je fis une longue promenade avec Rodolphe. Nous sortons par la porte de l'Hôpital et rentrons par la porte de Saverne. Entre la porte de l'Hôpital et la porte Nationale il n'y a presque pas de canons sur les remparts. Du côté de la porte de Pierres il n'y a guère d'eau dans le fossé. Entre la porte Nationale et la porte de Saverne on lève un camp d'infanterie. Coup d'œil extrêmement pittoresque de voir rouler et plier les tentes, bourrer les sacs, etc.

1. Alors dans l'ancien hôtel de la Pomme d'Or, rue d'Or.

Je dis à une sentinelle qu'on est en train de se battre près de Wissembourg.

«Le soir, je retourne au Casino pour avoir des nouvelles. Il n'y a rien de certain, mais il court des bruits inquiétants. Le fils du pasteur Jæger de Mietesheim annonce qu'il est arrivé un train de Haguenau ; tous les voyageurs étaient en larmes, disant qu'on avait tiré sur le train et que les Français avaient été repoussés jusqu'à Soultz. Le lendemain nous apprîmes que c'était la division d'Abel Douay qui avait dû se replier, après avoir perdu son général.

«Vendredi, à midi, je reçois un billet de l'*Internationale,* me priant d'envoyer à 11 heures, à la *Ville de Paris,* quatre de nos théologiens infirmiers les plus expérimentés ; ils devaient être dirigés sur Soultz... Je cours vite au Séminaire protestant ; point d'étudiants. Tous logent au Gymnase. M. Stromeyer, directeur de l'ambulance du Séminaire, me dit que le train de Haguenau n'est pas encore parti. Nous montons dans sa voiture et courons au Gymnase. En route, nous rencontrons quelques-uns de nos jeunes gens ; nous les arrêtons. Ils sont prêts à partir.

M. Stromeyer les engage aussitôt à le suivre et les conduit au chemin de fer. Depuis, ils sont revenus. Ils ont traversé deux fois l'armée prussienne avec un sauf-conduit du prince Charles; ils n'ont eu qu'à se louer de la conduite des Prussiens.

«Vendredi, le bruit se répandit en ville que les Prussiens avaient été défaits et avaient perdu 30,000 prisonniers. Mais dans l'après-midi vinrent des paysans fugitifs de Seltz, etc. Ils racontèrent que les Prussiens expédiaient dans leur pays tous les jeunes gens valides. Dans l'après-midi, nous faisons un tour dans la ville. On parlait d'une grande bataille qui se livrait du côté de Wissembourg. Une grande quantité de munitions avait été expédiée dans la matinée. Je ne rentrai qu'à quatre heures du soir et me mis, très-préoccupé, à méditer mon sermon. Après sept heures, au moment où je finissais, j'entends un grand bruit dans la rue; on courait vers la porte de l'Hôpital. Je pensai d'abord qu'il s'agissait d'une arrestation d'espion, vrai ou supposé, comme il s'en faisait à chaque instant depuis quelques jours. On vient me dire que les Prussiens sont devant la ville, puis arrive

Gerold qui m'annonce que les Prussiens avaient passé le Rhin du côté du Neuhof. La nouvelle était fausse, mais tout le monde y croyait. On battait et on sonnait la générale par toute la ville et de là une effroyable panique. Je sortis aussitôt avec Gerold. Nous allons vers la porte de l'Hôpital ; elle est fermée, mais il y a foule. Il y a dans les rues des hommes qui courent à la mairie demander des armes. On leur en promet pour le lendemain. Nous allons vers la place Kléber ; rien n'est lugubre comme le clairon sonnant la générale... Des omnibus, des citadines amènent des blessés depuis la gare ; quelques-uns marchent en se traînant. Arrive un camion de chemin de fer, tout couvert de malheureux couchés dessus. Impossible de ne pas pleurer en face d'un pareil spectacle! Des fuyards sont mêlés aux blessés ; ils disent qu'ils ont été repoussés après s'être battus jusqu'à cinq heures... Enfin, je rentre, bouleversé, et je reste levé jusqu'à deux heures.

«Dimanche je me lève de bonne heure et je vais chez Gerold. Mad. B... me dit que les Français sont restés vainqueurs sur toute la ligne. Une dépêche du général Ducrot à sa femme l'annonce... Je cours au Séminaire pour annoncer la bonne nouvelle aux blessés. J'y avais déjà été la veille au soir et j'avais aidé à distribuer aux blessés du pain, de la charcuterie et du vin. Quand j'arrivai, on ne voulut pas me croire. J'insistai. Toute la maison fut dans la joie. Je rencontre L... et le docteur A... qui doutent. Nous allons au bureau du *Courrier*. Schneegans nous dit qu'il a seulement entendu parler de la dépêche Ducrot, mais qu'il ne l'a pas *vue*. Je rentre, en passant par le Vieux-Marché-aux-Poissons. La procession des blessés et des fuyards continue. Quelques cuirassiers avec leurs chevaux ou à pied, avec ou sans armes, des turcos, des zouaves, des chasseurs à cheval, à pied, toutes les armes étaient représentées. Spectacle navrant! Ils se traînaient tristement. Il en est revenu pendant plusieurs jours, encore maintenant il en revient, sans souliers, parfois déguisés en paysans, pour traverser les lignes ennemies.

«Je prêche tant bien que mal; il y avait peu de monde à l'église... Après le dîner, je vais chez Gerold. Il a donné ordre de préparer les effets des enfants pour aller s'établir à la cave, en cas de bombardement. Je ne pense pas que nous ayons rien à craindre de pareil... Je sors avec Gerold. Toujours des blessés et des fuyards et un monde fou dans les rues. On parle de la possibilité d'une révolution à Paris. Je vais chez M. Reichard. Nous avons reçu, ainsi que M. Paira, la nomination d'aumôniers des ambulances de l'*Internationale*. Nous décidons qu'il prendra le Séminaire et que je me chargerai des autres ambulances.

«Lundi matin, 8 août, je me lève assez tard... Je sors avant onze heures, pour aller chez Gerold qui a veillé les blessés. Pas de nouvelles. M. B... me dit que les Prussiens sont à Marckolsheim, à Erstein, à Colmar. Tout cela s'est trouvé faux. Je vais au Séminaire, où je suis inscrit pour veiller ce soir, puis au Casino pour y lire l'*Univers*. C'est le seul journal de Paris qui nous soit arrivé, mais divers établissements en ont reçu d'autres... On sait maintenant que le jour même où Mac-Mahon était battu à Frœschwiller, Frossard se faisait battre à Forbach, mais on manque de détails sur les deux combats. Je parcours la ville avec Rodolphe et

Carrière, qui sont convoqués pour aller chercher leurs fusils de garde-nationaux.

«Il n'y a guère que 5 à 6oo blessés à Strasbourg, presque tous légèrement atteints. Les
hommes grièvement blessés n'ont pas pu être
relevés par les Français; ce sont les Prussiens
qui les soignent. On parle d'une bataille qui
aurait eu lieu lundi matin à Saverne; nous
aurions remporté la victoire. Cela ne s'est
pas encore confirmé.

«Vers huit heures je vais au Casino... Une
escouade de cavaliers ennemis est venue à la
porte de Pierres, demandant la reddition de
la ville. Quelques-uns ajoutent qu'ils la me-
naçaient d'un bombardement, si elle n'était
pas ouverte après deux heures. Le commandant de place arriva; il déclara au parlementaire que sa démarche n'étant pas faite dans
les formes usuelles, il ne pouvait la considérer
comme sérieuse. Les cavaliers partirent, on
tira sur eux, et l'un d'eux tomba. C'est là la
version la plus probable; naturellement il y
a beaucoup de variantes. Le même soir, le
conseil municipal se réunit en toute hâte...

«Mardi, 9 août... Nous sommes toujours
sans nouvelles. Que se passe-t-il à Paris?

Depuis dimanche soir nous n'avons plus reçu de journaux, seulement une ou deux dépêches par Mulhouse, qui assurent que la capitale est tranquille, mais que tous les départements de l'Est et Lyon sont mis en état de siége. Est-ce une mesure militaire ou politique? On regarde avec autant d'anxiété du côté de Paris que du côté des Prussiens... Ceux-ci se sont établis à Bischwiller et y ont placardé des affiches portant qu'ils ne font pas la guerre aux Français, mais au gouvernement impérial. Dans les villages, ils paient tout ce qu'ils prennent largement et en se disant amis des habitants. Ils ont été la nuit passée à Brumath, où ils ont enlevé les rails sur la ligne de Paris, à Vendenheim, à Wolfisheim. On dit qu'ils sont à Schiltigheim. Toujours en très-petits détachements. L'armée est sans doute en marche sur Paris. Un laitier d'Eckbolsheim, qui a vu les Prussiens, nous donne ces détails. Les paysans qui s'étaient réfugiés en ville, commencent à en repartir rassurés...

«Mercredi, 10 août... Pas de journaux, mais des dépêches avec les mesures très-graves annoncées à la Chambre et la démission du ministère. Je vais chez Gerold. Il conclut des susdites dépêches que Paris est en révolution ; je pense qu'il va trop loin. En sortant, je trouve Rodolphe et je rentre avec lui... On y parle d'une proclamation du général Uhrich qui serait résolu à défendre Strasbourg jusqu'à la dernière extrémité. Nous allons lire cette proclamation à la préfecture... Après le souper, je retourne au Casino ; arrive le courrier de Paris, par Mulhouse, le premier depuis dimanche soir. On se jette sur les journaux ; ils annoncent la réouverture de la Chambre, la tempête soulevée par la proposition de la gauche, l'élan qui existe à Paris.

«Jeudi, 11 août... Je vais vers la maison de correction et le faubourg National. Je suis aumônier de la Société internationale de secours aux blessés et on m'a assigné une demi-douzaine d'ambulances, mais il y en a trois où il n'y a pas de blessés ; les autres sont déjà desservies. Du reste, je n'aurais que trois protestants en tout à voir. A la maison de correction on n'a pas encore reçu un seul blessé. J'entre chez M. S... Il demeure en face du rempart et voit tout ce qui s'y passe. Il est naturel qu'il soit très-inquiet. J'assiste à une alerte. Les soldats courent sur le rempart, une compagnie sort par la porte... Dans le faubourg, je rencontre le gendre de M. S... Il revient de Schiltigheim. M. J... a vu du haut d'une maison les Prussiens amener de l'artillerie à Niederhausbergen. M. M. E... est allé l'annoncer à l'état-major; on lui a répondu qu'on fermerait immédiatement les portes de la ville. Je porte la nouvelle au Casino; on n'y veut pas croire. Il circule des bruits sur un succès que nous aurions remporté près de Phalsbourg...

«Vendredi, 12 août... J'écris une page de mon sermon... M. Klauss, le sacristain de Sainte-Aurélie, en m'apportant le *Recueil officiel*, me dit que du haut de leur clocher on voit les Prussiens à Kœnigshofen. Après le dîner j'y vais avec Rodolphe; nous grimpons tout au haut de la tour, sur une échelle très-branlante. Finalement, nous voyons des arbres qu'on a coupés sur la route, et bien loin quelques cavaliers ennemis...

«Samedi, 13 août. J'achève mon sermon, puis je sors pour faire un tour... Dans la rue je rencontre Carrière et nous allons ensemble vers la porte des Pêcheurs. Elle est ouverte, mais comme elle pourrait être fermée à tout instant, nous ne nous avançons que jusqu'à la porte extérieure. Les palissades de la porte sont occupées par sept sentinelles, les artilleurs sont à leurs pièces, partout des hommes. Les arbres de l'allée de la Robertsau semblent être encore debout... Après le souper, j'entends le canon. MM. B..., L... et moi, nous allons ensemble vers la porte de Pierres, d'où partait le bruit. On protégeait une sortie de notre garnison. Je retourne au Casino pour lire l'*Impartial*, qui parle depuis quelque temps avec bien plus de franchise que le *Courrier* de tout ce qui se passe en ville. Il se plaint, entre autres, de la fuite de quelques familles haut placées qui auraient dû rester et donner ainsi le bon exemple... Enfin, je rentre pour étudier mon sermon jusqu'à minuit. Entre dix et onze heures, il y eut une forte canonnade ; entre autres, le gros canon à gauche de la porte Nationale tonna plusieurs fois, mais je n'en entendis rien. Dans la nuit, il y eut des maisons en feu hors la porte de Saverne et une bombe vint tomber dans une maison située entre le faubourg de Saverne et la gare, tout près du rempart, mais personne ne fut blessé.»

X.

Au moment où Schillinger écrivait les lignes
que nous venons de transcrire, il ne se doutait pas qu'elles seraient de longtemps les
dernières de son journal. Il allait être appelé,
en effet, à remplir une mission des plus honorables, à subir des épreuves, à braver des
dangers que maint autre aurait prudemment
évités. Il a retracé plus tard, et dans tous
leurs détails, les péripéties de son voyage à
Paris, son retour vers Strasbourg et sa triste
captivité au camp de Mundolsheim. Nous
nous bornerons donc à puiser dans le récit
de notre ami, en continuant seulement à
en élaguer ce qui nous paraît trop personnel, ou toucherait plus directement aux
questions politiques que nous devons nous
appliquer à tenir écartées de ces pages.

Schillinger reprenait donc la plume, à Strasbourg, le 19 septembre, dans les termes suivants :

«Mon voyage à Paris et mon séjour au quartier-général prussien à Mundolsheim ont forcément interrompu mon journal. A Mundolsheim, je songeais bien souvent à le reprendre, mais l'attente fiévreuse où je vivais, les nouvelles plus ou moins authentiques qui se croisaient sans interruption, les nombreuses visites qui arrivaient au presbytère, la difficulté aussi de m'isoler dans une maison aussi remplie, m'ont toujours fait renoncer à mon idée. Pendant les premiers jours après mon retour à Strasbourg, j'avais à faire tant de courses qu'il m'a été impossible de trouver un moment de calme. Aujourd'hui, 19 septembre, je reprends enfin mes notes ; malheureusement bien des traits intéressants m'échapperont, et plus d'un souvenir s'est trop effacé pour pouvoir encore être convenablement fixé. J'écris au milieu des détonations d'obus.

«Journée du 15 août. — C'était un dimanche. A six heures du matin, on frappe à la porte de ma chambre à coucher et l'on m'annonce que **M. Zopff**[1] désire me parler sur-le-champ. J'ouvre et reçois **M.** Zopff avec quelques excuses de me laisser surprendre dans mon lit. Il commence par me faire promettre le secret le plus absolu sur les communications qu'il va me faire. La *Société internationale* est dépourvue des médicaments les plus indispensables en ce moment; l'intendance militaire n'est pas mieux fournie. On n'a plus de chloroforme, des opérations graves ont dû être faites sans anesthésiques. Il n'y a plus ni quinine pour les fiévreux, dont le nombre va considérablement augmenter par suite de l'inondation des fossés de la ville, ni bismuth pour combattre la dyssenterie. Dans ces circonstances, il faut que quelqu'un se dévoue et cherche à traverser les lignes ennemies pour ramener de Paris un convoi de médicaments. On s'est adressé à plusieurs personnes sur lesquelles on croyait pouvoir compter ; elles ont refusé. **M.** Zopff a songé à moi ; je partirais avec le drapeau et le brassard de la *Société interna-*

1. M. A. Zopff, négociant à Strasbourg, membre de la Commission municipale et adjoint au maire pendant le siége, actuellement établi à Paris.

tionale de secours et je ne risquerais qu'une seule chose, d'être pris par les Prussiens et retenu prisonnier pendant quelques semaines. M. Zopff pensait que je devais tenter d'esquiver les postes ennemis un peu comme l'avait fait le général de Barral qui, peu de jours avant, était entré en ville, déguisé en paysan, et conduit par M. Gauckler, ingénieur à Colmar.

«La proposition m'effraya bien un peu ; cependant le but était si beau, la tentative si nécessaire, qu'il n'y avait pas moyen de refuser. Un pasteur qui prêche tous les dimanches le dévouement le plus absolu ne peut pas reculer quand il est appelé à se dévouer lui-même. Je répondis donc que je ne me sentais pas du tout les qualités nécessaires à un contrebandier, et que je n'avais à mettre à la disposition de la Société que ma bonne volonté, mais que s'il ne se rencontrait personne de plus qualifié que moi, j'accepterais la mission qui m'était offerte. J'ajoutai que je devais prêcher à onze heures et qu'aussitôt après mon dîner je me rendrais à la *Ville de Paris*, prêt à partir.

«Sur ce, M. Zopff se retira et je me levai pour étudier mon sermon, bien que je n'eusse pas du tout le cœur au travail. J'avais invité Jules Oster[1] à venir souper avec moi ; j'envoyai le prier de venir dîner, voulant l'avertir de mon départ et le charger de mes fonctions pastorales pendant mon absence.

«Le manque complet de médicaments à Strasbourg a étonné bien des gens ; il s'explique pourtant, ou plutôt je me l'explique assez facilement. Les médicaments sont très-chers, les pharmaciens ne peuvent donc guère avoir des approvisionnements considérables. La promptitude des communications avec Paris permettait de faire venir presque au jour le jour ce dont on avait besoin. Arrive la déclaration de guerre et immédiatement les trains de marchandises sont supprimés. De plus, Strasbourg fournit les médicaments pour les blessés de la bataille de Wœrth. On comprend qu'après un mois toutes les provisions aient été épuisées. L'administration militaire qui disposait de facilités que n'avaient pas les particuliers, n'aurait pas sans doute dû être prise au dépourvu ; mais elle a

1. M. J. Oster, alors vicaire-général (*Freiprediger*) à Strasbourg, actuellement l'un des pasteurs de l'Eglise réformée de Dresde.

montré sous ce rapport la même incurie que partout ailleurs. Une observation qui m'a été faite à Paris ou à Mulhouse me paraît cependant très-fondée. Le chloroforme pouvait être fabriqué à Strasbourg; pourquoi en demandait-on à Paris? Je ne sais comment expliquer cela.

«Je trouvai l'église assez remplie, et pus dire mon sermon sans encombre, malgré la préoccupation dont je ne réussissais pas à me débarrasser. Je ne crus pas pouvoir parler à M. Eschenauer de mon départ.

«J. Oster vint à midi. Je lui dis que j'allais partir pour une mission purement philanthropique, où je courrais peut-être quelque danger. Il accepta de me remplacer pendant mon absence.

«Après le dîner, je me rendis à la *Ville de Paris*. M. Kablé me dit qu'on aurait quelqu'un d'autre à envoyer à Paris; c'était un contrebandier qui avait l'air fort décidé. M. André trouvait que l'on devait plutôt me laisser à Strasbourg où j'avais des fonctions à remplir. D'autre part, on pensait que ma qualité de pasteur me servirait de sauvegarde auprès des Prussiens, et l'on tomba d'accord qu'il

vaudrait mieux conduire l'affaire ouvertement et demander aux chefs ennemis la permission de passer, en leur faisant connaître
le but du voyage. M. Wœhrlin me remit la
liste des médicaments demandés. La voici :

Musc hors vessie	100 gr.
Sous-nitrate de bismuth	25 kgr.
Hydrochlorate de morphine	500 gr.
Sulfate de quinine	20 kgr.
Chloroforme	60 kgr.
Coton soluble	2 kgr.
Calomel à la vapeur	5 kgr.
Acide phénique cristallisé	50 kgr.
Moutarde Rigollot	100 boîtes de 25 kgr.
Chloral hydraté	10 kgr.
Opium	10 kgr.
Iode	5 kgr.
Permanganate de potasse	5 kgr.

«M. Wœhrlin me donna en outre trois
lettres pour différents fournisseurs auxquels
je devais m'adresser. Il me conseilla de me
munir de ma photographie revêtue du timbre
de l'Internationale : j'allai en demander une
à Jules, il n'en avait pas. J'en trouvai une
chez Ed. Heitz, que M. Zopff timbra aussitôt.
Plus d'une heure s'était passée en pourpar-
lers. Je m'en allai, en promettant de revenir
plus tard. J'entrai à l'ambulance du Gymnase. Peu après l'on apporta un homme qui

avait été blessé à la jambe et à la poitrine par des éclats d'obus devant la brasserie du *Sternenberg*. C'était un ouvrier du faubourg national, nommé Uhrwiller ; une femme et un enfant avaient été frappés en même temps que lui. On le déshabilla, le coucha ; j'assistai au sondage des plaies. Une demi-douzaine de projectiles avaient été lancés et avaient atteint plusieurs personnes ; cependant personne n'attribuait d'importance à ce bombardement, et la foule circulait pressée dans les rues et jusque sur le pont de Pierres.

«J'invitai Jules à venir au service du Temple-Neuf. Il y avait passablement de monde ; nous entendîmes un bon sermon de Kopp sur la confiance en Dieu.

«Après le service, je repassai à l'hôtel. Vers cinq heures, M. Zopff me dit qu'on hésitait encore et que si l'on avait besoin de moi, il me préviendrait le lendemain matin. Je m'en allai, convaincu que je ne partirais pas.

«Journée du 15 août. — En me levant, après huit heures, je trouve un billet de M. Zopff qui m'invite à me présenter à la *Ville de Paris* vers neuf heures, pour me mettre en route. Jules me fait ses adieux à la *Ville de Paris*. Il est très-ému ; je lui recommande de me défendre si quelqu'un m'accusait d'avoir déserté mon poste.

«M. Ungerer fait le service du 15 août ; M. Leblois a refusé. J'aurais pu y assister, car on me retient jusqu'à une heure. M. Zopff me remet le brassard de la Société internationale et une lettre pour la Société de Paris, demandant des fonds. Ceux dont on disposait sont épuisés. Il me charge de faire des réclamations pressantes en lieu utile, et au besoin auprès de l'impératrice, au sujet d'une violation de la Convention de Genève dont notre garnison s'est rendue, dit-il, coupable. Hier elle a pris dans une sortie tout le personnel d'une ambulance badoise, malgré les brassards. Notre Société a eu beaucoup de peine à faire relâcher les prisonniers ce matin. En outre, M. Zopff me confie que nous n'avons plus de sel que pour quatre jours. Il le sait par une lettre envoyée par erreur à l'Internationale, et adressée, je crois, par l'intendant au maire ou vice-versa. Si possible, je dois instruire une personne autorisée de cette grave circonstance. M. Kablé me remet

5oo francs pour mon voyage. On voulait me louer une voiture jusqu'à Schlestadt, mais le propriétaire demande cent francs et la garantie du cheval. Un associé de la maison Hayem de Paris, M. Jolly, nous tire d'embarras. Il vient de Haguenau où sa maison a une succursale, et il a amené son cheval et sa voiture avec un homme qui les reconduira à Haguenau. Il m'offre une place jusqu'à Schlestadt. Nous ferons route ensemble. Aux yeux des Prussiens, il sera censé m'escorter pour me faciliter ma mission à Paris. Il va faire atteler... Pendant tous ces retards je vais au Gymnase; Scherdlin et Cottler me disent adieu avec émotion. Ils m'admirent de partir et m'approuvent. Il m'arrive une quantité de lettres que je mettrai à la poste dans le Haut-Rhin. Je les lis toutes pour m'assurer qu'elles ne contiennent rien de compromettant. On les revêt du timbre de la Société. Je rencontre dans la rue M. Eugène Hepp, secrétaire-général du Directoire; il sort du Temple-Neuf. Je lui parle de mon départ. «Si vous avez une mission, me dit-il, allez; le devoir avant tout.» La famille Gerold rentre d'une promenade, je m'arrête à causer avec eux un bon moment. Survient Carrière, qui reste jusqu'au départ. Au Gymnase, Hoffmann m'a donné son Nouveau Testament français ; il pourrait m'être utile si j'étais arrêté et dirigé, sur ma demande, sur une ambulance ; puis il me servira pour moi. Vers une heure, la voiture est enfin devant l'hôtel. M. Kablé me donne une lettre pour le commandant de place, demandant que l'on m'ouvre la porte d'Austerlitz ; je vais avec Carrière à l'Aubette. Le commandant me toise et me demande avec une nuance de dédain si je suis pasteur protestant. Il ne peut me donner aucune indication sur la route à prendre ; il ignore complétement quels sont les villages occupés par les Prussiens. Je n'ai pas besoin d'ordre pour me faire ouvrir la porte, elle va être ouverte dans quelques minutes. Pendant très-longtemps, la porte d'Austerlitz a été ouverte tous les jours pendant une heure ou deux ; je pense que maintenant ce n'est plus le cas. Il y avait à la place un pauvre diable, arrêté comme espion et qui protestait de son innocence en pleurant. Le commandant donne l'ordre de le conduire à la police.

«Je monte en voiture après avoir reçu l'accolade de Carrière, qui est très-ému. Evidemment il croit, comme tout le monde, que le danger est pour moi et non pour la ville. Arrivés à la porte, nous y trouvons stationnées une quantité de voitures. La nôtre porte deux drapeaux de l'Internationale. L'un servira à la ramener à Haguenau ; j'emporterai l'autre à Paris.

«Je vais au corps de garde ; l'ordre d'ouvrir n'est pas encore arrivé, mais on l'apporte au même instant, et nous sortons sans que personne nous demande nos papiers. Hors la porte stationnaient des voitures qui voulaient entrer ; elles étaient chargées de meubles qu'on sauvait en ville et qui appartenaient sans doute à des propriétaires de la zone militaire. D'autres apportaient des légumes. Dans une citadine j'aperçois le professeur Alexandre Rœhrig qui me crie : «Où allez-vous comme çà ?» Je lui réponds en passant : «A Paris.» Depuis il m'a dit qu'on n'avait pas voulu le croire lorsqu'en rentrant il annonça mon voyage à la capitale. On pensait que j'allais à Barr. J'étais un peu inquiet d'abord et je me retournais quelquefois pour voir si le canon de la place ne commençait pas à tirer, mais bientôt je me rassurai. MM. Jolly et Beeser, l'employé de Haguenau, étaient d'agréables compagnons. M. Jolly est libéral, abonné au *Temps* ; nous parlâmes politique et nous nous trouvâmes d'accord. Le temps était splendide, le cheval marchait très-bien. De temps en temps nous demandions aux gens qui passaient où étaient les Prussiens ; personne n'en avait vu. Après avoir traversé Illkirch et Graffenstaden, nous commençons à penser que nous n'en trouverons plus. Mais une barricade coupe la route. Elle se compose de charrettes renversées. Un dragon badois à cheval, le pistolet au poing, la garde. Nous approchons lentement. A une vingtaine de pas nous nous arrêtons, je descends et m'approche. Je demande si nous ne pouvons pas passer ; j'explique que nous appartenons au service sociétaire et que nous allons à Schlestadt. Il répond qu'il ne peut pas nous laisser passer, mais qu'il y a un chemin contournant le village par les champs ; là nous rencontrerons le poste. Il prie même un paysan qui se tenait là de nous indiquer le chemin.

«J'ai raconté plus tard au général Schultz, qui me demandait comment j'avais pu passer les lignes prussiennes en allant à Paris, l'histoire de ce factionnaire. Il rit de bon cœur et son adjudant ajouta : *«Das nennt man Einschliessung! Unsere Burschen sind wirklich zu gutmüthig! [1]»*

«Le chemin des champs était très-mauvais et nous fûmes rudement cahotés. Enfin, nous arrivons au poste. Heureusement pour nous, l'officier était absent et le sous-officier nous laissa passer. Je lui montrai d'abord mes papiers, puis ma photographie ; c'est elle qui le décida. Il constata la ressemblance. *«Ja, Sie sind's! [2]»* fit-il et nous permit d'avancer. Sans doute on ne lui avait jamais présenté de légitimation pareille. Il ajouta que nous trouverions plus loin une patrouille ; si elle nous arrêtait, nous devions dire que nous avions passé au poste.

«Nous reprenons la grande route. Le chemin de fer était coupé jusqu'à Benfeld, les fils télégraphiques pendaient à terre. De rares

---

1. «C'est ce qu'on appelle un blocus ! Nos hommes sont vraiment trop bons enfants !»

2. «C'est bien vous !»

7

piétons sur la route, encore moins de voitures. Nous rencontrons la patrouille annoncée; elle se compose de trois dragons, et nous laisse passer sans nous arrêter. Un peu plus loin, nous trouvons une petite auberge qui appartient à la commune d'Erstein, que nous avons sur notre gauche. Nous prenons du vin et du fromage, pendant que le cheval souffle et reçoit un picotin. La petite salle de l'auberge est remplie de monde qui boit et joue aux cartes. On n'est pas enchanté des Prussiens, ou plutôt des Badois. Ils sont venus requérir soixante hommes de l'endroit pour travailler au détournement de l'Ill; il y a près d'Erstein un canal de dérivation par lequel ils comptent jeter la rivière dans le Rhin. Depuis, j'ai su qu'ils avaient fini ce travail en très-peu de temps, quinze jours seulement; mais leurs calculs auraient été complétement déjoués. Le Rhin serait venu grossir l'Ill. Je ne sais si ce dernier détail est exact.

«Parmi ces Badois, il y en a qui connaissent le pays pour y avoir servi et qui font office de guides. On est furieux contre eux et on les traite de traîtres.

«Un fait curieux, c'est que les paysans ignorent absolument ce qui se passe à quelques lieues de chez eux.

«On nous parle d'une proclamation du général de Beyer, affichée dans tous ces villages. Sur ma prière, quelqu'un va en chercher un exemplaire dans une maison voisine. Je la croyais inconnue à Paris; cependant les journaux l'avaient déjà publiée. Mon exemplaire me fut demandé par M. de Billy.

«Nous nous remîmes en route pour Benfeld. Là, le notaire, qui demeure un peu en avant sur la route, nous arrêta pour avoir des nouvelles. J'en donnai aussi à quelques dames qui revenaient des vêpres. Nous parcourûmes à la hâte un vieux numéro de l'*Opinion nationale* que le notaire put nous procurer. C'était, depuis assez longtemps, le premier journal parisien que je voyais. Les Prussiens n'avaient pas encore paru à Benfeld; cependant le chemin de fer n'était plus exploité qu'à partir de Schlestadt.

«Nous arrivons à Schlestadt à sept heures du soir. Les rues sont animées et remplies de gardes mobiles. Autour de la ville on abat les arbres, on arrache les échalas des vignes.

Nous descendons à l'*Hôtel du Bouc*. Je propose à M. Jolly de repartir le même soir pour Colmar, si nous trouvons une voiture. Il n'y a plus qu'un seul train par jour pour cette ville ; en le prenant demain matin, je ne pourrais pas m'arrêter ; j'aimerais bien pourtant voir ma famille et prévenir l'*Internationale* de Colmar de la situation de Strasbourg. M. Jolly accepte ma proposition et se rend au télégraphe pour expédier une dépêche à sa famille, pendant que je me mets à chercher une voiture. Je n'en trouve pas. En revenant à l'hôtel, je rencontre M. Jolly en conversation avec le sous-préfet qu'il avait trouvé au télégraphe et auquel il donnait des nouvelles. Le télégraphe n'expédiait plus de dépêches particulières.

«Le sous-préfet fut très-aimable, et nous offrit ses services. J'acceptai son offre de nous procurer une voiture ; il vainquit la résistance d'un des loueurs, et nous pûmes partir à huit heures, après avoir soupé à la hâte et fait nos adieux à M. Beeser qui devait retourner le lendemain à Haguenau. Le sous-préfet m'engagea à venir le voir au retour.

«La porte de la ville venait d'être fermée ; grâce à notre drapeau, on consentit à la rouvrir pour nous.

«A onze heures, nous entrions à Colmar. Je laissai M. Jolly descendre aux *Deux Clefs* et me fis conduire chez mon beau-frère [1]. Je frappai longtemps ; enfin une femme se leva au rez-de-chaussée et m'apprit que le notaire était à Riquewihr. Elle m'engage à monter tout de même pour passer la nuit, mais je préfère aller à l'hôtel. Je me fais donner du papier et écris jusqu'à minuit au notaire, à Muhlbach et à Jeanmaire. Je donne rendez-vous à Wœlflin à Colmar et à Jeanmaire à Belfort pour le moment de mon retour. Il doit me répondre à Paris ; mais je n'ai jamais reçu de réponse de lui. Peut-être ma lettre ne lui est-elle pas parvenue. Cependant la poste marchait encore dans le Haut-Rhin.

1. M. Wœlflin, actuellement à Nancy.

XI.

«Journée du 16 août. — Je me lève avant M. Jolly et cours chez M. Rencker, président de l'Internationale de Colmar. Il prend note des médicaments demandés, mais ne pense pas qu'il se trouve quelque chose à Colmar. Je vais déjeûner avec M. Jolly; il ira au Logelbach pendant que je verrai ma famille. — L'omnibus arrive. A la gare je trouve une paysanne de la vallée que je charge d'aller saluer mes parents, et un M. B... que je ne connaissais pas et que j'ai retrouvé à Bâle. Le train part enfin. Temps splendide. Nous arrivons à Mulhouse vers une heure. Le train express pour Paris part à huit heures. Nous déposons nos bagages et allons dîner à l'*Hôtel Romann*.

«**M.** Jolly fait venir un monsieur de sa connaissance, membre de l'Internationale, lequel m'emmène au siége de la société. Personne n'est encore arrivé. Nous montons un instant chez mon guide. La situation de Mulhouse est très-critique. Les patrons manquent d'argent pour payer les ouvriers et de matières premières pour continuer à travailler. Ils n'ont pas de troupes pour maintenir l'ordre. Cependant je n'ai pas eu connaissance depuis de troubles qui auraient éclaté à Mulhouse. Nos officiers ont montré ici la même ignorance que partout ailleurs. Des officiers d'état-major demandaient si Mulhouse était une place forte, si la ville était loin du Rhin; ils ne distinguaient pas les Vosges de la Forêt-Noire, etc.

«Nous retournons à l'Internationale. Un jeune homme est arrivé. Je lui remets la lettre de **M.** Kablé qui m'accrédite et qui expose notre situation. Il en parlera à la réunion de l'après-midi. Mulhouse ne pourra pas nous donner d'argent : il faut songer au cas où il lui arriverait à son tour des blessés. Il y a là pour nous une caisse d'instruments et une autre de médicaments, venues de Neuchâtel.

Je ne pense pas que nous manquions d'instruments ; pour les médicaments, on pourrait essayer de les faire passer. On me promet d'y songer, et effectivement quelqu'un partit peu après pour Strasbourg avec ces caisses. Il fut arrêté à Graffenstaden où les caisses se trouvaient encore quand j'y arrivai ; lui-même était retourné à Mulhouse.

«Mon guide me conduit à la poste. Le directeur veut bien recevoir franches de port celles de mes lettres qui proviennent de blessés militaires ; j'affranchis les autres.

«Demeuré seul, je flâne un peu par la ville. Un instant, j'ai l'idée d'aller à l'*Industriel alsacien,* prévenir que son correspondant David Beck est enfermé dans Strasbourg et que je l'y ai vu peu avant mon départ, mais finalement je retourne à l'hôtel. M. Jolly est sorti ; je m'installe dans la salle du café de l'hôtel et parcours les journaux. Il n'y en a qu'un seul, insignifiant, du jour ; les autres sont de la veille ou de l'avant-veille et contiennent des récits de la bataille de Forbach et de celle de Wœrth... Tout-à-coup le garçon se précipite dans la salle, en annonçant une grande victoire remportée près de Verdun : 3o,ooo Prussiens sont pris. Nous sortons bien vite ; déjà quelques maisons sont pavoisées. La foule se porte vers la sous-préfecture ; le sous-préfet va sans doute donner lecture de la dépêche. On stationne là pendant un bon moment, mais rien ne paraît. Enfin un monsieur m'assure qu'il vient de parler au sous-préfet et que celui-ci n'a rien reçu. Je retourne vers l'hôtel...

«Le moment arrive de nous rendre à la gare. La vendeuse de journaux n'en a plus reçu depuis plusieurs jours, elle pense qu'on ne veut pas en laisser parvenir dans les départements dégarnis de troupes, de peur qu'ils ne tombent entre les mains de l'ennemi et le renseignent.

«On ne nous donne de billets que pour Vesoul, conformément à un ordre qui vient d'arriver ; mais peut-être le train poursuivra-t-il sa route. Si non, nous nous dirigerons sur Lyon.

«A Vesoul, nous apprenons que le train ira jusqu'à Paris. Un officier de gendarmerie s'installe dans notre compartiment avec une dame qui va se réfugier, paraît-il, dans le Midi. Je ne me rappelle plus si c'est à Langres ou à Chaumont que nous croisons le corps d'armée de Félix Douay, qui se retire sur Châlons. Les soldats, qui attendent leur tour d'être embarqués, sont harassés de fatigue; ils ont peine à se tenir debout. Evidemment, ils ont fait des marches forcées et ont été nourris insuffisamment. C'est partout la même incurie. Belfort ne garde que des mobiles. A Altkirch j'avais aperçu, en passant, un petit camp de lanciers. Je ne sais plus où j'ai vu un bataillon de la ligne armé de fusils à tabatière. Et les deux millions de chassepots, où donc restent-ils?

«Nous traversons l'enceinte de Paris; on travaille aux fortifications, la ville ne paraît pas armée. Quelqu'un me dit qu'on place sur les remparts des canons de la marine. Il est environ huit heures quand nous entrons en gare; nous payons notre supplément et je prends congé de M. Jolly, en lui promettant d'aller lui serrer la main avant mon départ. Un fiacre me mène à l'*Hôtel Sainte-Marie,* dans la rue de Rivoli.

XII.

«Journée du 17 août. — Après m'être un
peu débrouillé, je me fais conduire chez
Fischbacher[1], car il est encore trop tôt pour
me présenter à l'Internationale. Fischbacher
me reçoit avec sa cordialité habituelle ; je dé-
jeûne avec lui et lui donne des nouvelles de
Strasbourg. Vers dix heures, je me rends au
Palais de l'Industrie, où est installée la Société
internationale. On ne veut pas me laisser
entrer dans la salle du Conseil ; je me fais
annoncer comme délégué de Strasbourg et
j'entre. Le comte de Flavigny prend connaissance de ma lettre et me reçoit très-courtoise-
ment. Mais il est interrompu à tout moment.

1. M. G. Fischbacher, l'éditeur protestant, bien
connu de tous nos lecteurs.

Dans la nuit il est arrivé un convoi d'environ quatre-vingt-dix blessés qui sont restés plusieurs heures à la gare sans recevoir de soins. L'autorité militaire est jalouse de l'Internationale et lui prépare des entraves où elle peut. Le désordre qui règne dans les délibérations, les discussions interminables qui se succèdent au sujet des plus minces détails, montrent à quel point fait défaut l'esprit pratique. Si on l'avait sérieusement voulu, on aurait pu expédier mon affaire dans l'espace d'un quart d'heure ; je serais reparti le soir même et probablement rentré à Strasbourg sans trop de difficultés.

«Je raconte à ces messieurs la capture de l'ambulance badoise. M. de Flavigny m'engage à écrire à ce sujet au ministre de la guerre ; M. le comte Sérurier, qui fait partie de la Société, transmettra ma lettre. Si j'obtenais un ordre du ministre, recommandant à la garnison de Strasbourg de mieux respecter la convention de Genève, cet ordre me servirait peut-être de laisser-passer. Je me retire pour écrire ma lettre, après avoir reçu l'invitation de venir assister au conseil à quatre heures. M. de Billy, frère de Mad. Brackenhoffer d'ici, inspecteur-général au corps des Mines, membre de la Société, m'emmène dans un cabinet et me donne ce qu'il faut pour écrire. M. de Billy m'a fort bien reçu ; il est enchanté que ce soit un pasteur protestant qui ait tenté cette démarche «au risque de se faire écharper»; c'est une réponse aux calomnies répandues contre les protestants. Notre préfet même, M. Pron, les a accusés par deux fois d'être favorables aux Prussiens; sa dernière dénonciation date de quelques jours seulement.

«Ma lettre terminée, je la remis à M. de Billy fils. J'ai lieu de croire qu'elle n'a pas été expédiée, mais que M. de Flavigny écrivit lui-même. En tout cas, il n'y a jamais eu de réponse. Je songeai d'abord à voir moi-même le ministre. M. Dorn[1] m'aurait volontiers introduit; mais après mûre réflexion, je renonçai à ce projet. Il valait mieux ne pas voir de personnage officiel et maintenir d'une manière absolue le caractère purement philanthropique de ma mission. Quant à l'impéra-

1. Schillinger avait fait la connaissance du colonel Dorn, directeur du Musée d'artillerie, quelques années auparavant, à Paris.

trice, elle ne comptait déjà plus. K... me dit que chaque nuit elle faisait partir des Tuileries des fourgons en destination pour l'Angleterre. L'empereur a depuis longtemps acquis d'immenses propriétés dans ce pays ; un riche Anglais a dit à **M.** Dorn que notre souverain est un des plus grands propriétaires des Iles Britanniques...

«Après le déjeûner, j'allai voir les fournisseurs que m'avait indiqués M. Wœhrlin. Je leurs fis des commandes conditionnelles ; elles seraient définitives après la ratification de la Société. Je fus très-bien reçu par M. Casthelaz, un ami particulier de M. Wœhrlin. Il était découragé et mes nouvelles n'étaient pas de nature à le relever. Il aurait voulu me charger de caisses pour M. Wœhrlin, qu'il n'avait plus pu faire partir ; je refusai.

«Après deux heures, je vais trouver K... Il est pressé. Il me donne à la hâte quelques détails affligeants sur la situation. Leur correspondant militaire leur a écrit que les forts de Metz sont armés, mais que sur les remparts de la ville même il n'y a que deux canons. Quelques milliers d'hommes qui sont à Lyon ont envoyé dépêche sur dépêche, pour savoir de quel côté ils doivent se diriger ; impossible d'avoir une réponse. Le bruit court que l'empereur traite en secret et accepterait comme base des négociations la cession de l'Alsace. L'impératrice et le prince Napoléon sont, dit-on, en train de déménager. Un sénateur est venu dire à Renan que bientôt se lèverait le plus grand jour de sa vie : quand, en sa qualité de secrétaire du Sénat, il signerait le premier la déchéance de l'empereur. La gauche a déclaré qu'après une nouvelle défaite elle descendrait dans la rue et proclamerait la déchéance. On nommerait un comité de salut public où l'on ferait entrer Thiers, comme pouvant seul traiter avec l'ennemi. On espère encore, en ce cas, conserver l'Alsace. Je détrompe K... sur ce point. Le roi de Prusse, s'il reste vainqueur, ne peut pas repasser le Rhin sans avoir obtenu l'Alsace ; la pression de l'opinion publique en Allemagne est trop forte. En ce cas, me répond-il, nous sommes perdus. Dans un comité secret de la Chambre, Jules Favre, plus éloquent et plus véhément que jamais, a été écouté en silence ; il n'y a eu de protestations que lorsqu'il a déclaré que l'empire tombait sous le mépris de l'Europe. K... me prie de revenir le lendemain et de lui noter quelques détails sur la situation de Strasbourg. Chez Fischbacher j'écris à Kablé au Hàvre, le priant de me faire allouer des fonds par la Société internationale du Hàvre et lui donnant des nouvelles de Strasbourg...

«A quatre heures, je retourne au palais de l'Industrie. On me retient longtemps dans l'antichambre; ces messieurs sont trop occupés pour me recevoir. Il est certain qu'ils le sont beaucoup, car à chaque instant il leur arrive quelqu'un avec une demande ou une réclamation. M. Monnier, ayant appris qu'un pasteur de Strasbourg était arrivé, vient me trouver, mais ayant entendu mon nom, il me quitte presque aussitôt [1]. M. Léon de Bussierre me demande des nouvelles de son frère; le lendemain, il me remit des lettres pour lui. Ayant su à Mundolsheim que M. Alfred Renouard de Bussierre avait été arrêté comme espion, je déchirai les lettres, qui étaient pourtant bien inoffensives.

1. M. F. Monnier, ancien étudiant en théologie à Strasbourg, puis auditeur au Conseil d'Etat, etc., appartenait alors à l'orthodoxie la plus intransigeante, ce qui explique son attitude peu courtoise vis-à-vis d'un hérétique.

«Enfin, je pénètre dans la salle du Conseil. Le docteur Chenu examine ma demande de médicaments. Il la trouve exagérée pour les quantités. On traiterait avec cela toutes les armées de France pendant des années. A chaque article il se récrie et pousse des éclats de rire. Je réponds que, n'étant pas médecin, je ne saurais défendre les demandes de mes amis de Strasbourg, que cependant ils devaient savoir ce qu'ils faisaient ; qu'il fallait considérer que Strasbourg était un pays de fièvres et que nous allions en avoir plus que de coutume, vu l'inondation des fossés ; que l'Internationale aurait à fournir l'intendance militaire ; que nous aurions peut-être à soutenir un blocus de plusieurs semaines. Finalement, il fut arrêté que M. Chenu s'entendrait avec M. Dorvault, de la pharmacie centrale, pour la réduction des quantités et que je devais revenir le lendemain à dix heures. On passe à la demande d'argent. Le président est assez peu disposé à l'accorder, sous prétexte que M. de Bussierre a reçu, il y a peu de temps, un bon de cinquante mille francs. Je réponds que je n'ai pas connaissance que cette somme ait été versée. M. de Bussierre n'a pas paru en ville depuis huit jours ; il lui a sans doute été impossible de toucher la somme en question, car sa campagne doit être occupée par les Prussiens. Je prie de porter l'allocation de cinquante à cent mille francs. M. de Vogué[1] me soutient chaleureusement. Il rappelle que Strasbourg s'est admirablement montré jusqu'ici ; nos infirmiers ont été les premiers sur le champ de bataille et aucun n'est rétribué ; Strasbourg s'est organisé très-rapidement, etc. Je confirme cela, et ajoute que, n'appartenant pas à la section du matériel, il m'est bien permis de dire que cette section a déployé le dévouement le plus infatigable. MM. de Bussierre et de Billy appuient. La première ambulance de la Société, qui est en campagne, coûte chaque jour huit mille francs et n'a pas encore servi ! Enfin, la somme est votée, et comme l'on pense que je ne puis pas prendre d'argent, on me remet une déclaration constatant le vote. C'est une garantie suffisante pour trouver de l'argent à Strasbourg, en attendant que les communications

1. M. le marquis de Vogué, depuis ambassadeur de France à Vienne et à Constantinople.

soient rouvertes. Je serre la main à M. de Vogué en le remerciant chaleureusement. Il me prie de faire rechercher à Wœrth la place où est enterré son frère, qui est tombé dans la bataille. Il était adjudant du maréchal de Mac-Mahon et portait le seul uniforme rouge de toute l'armée. J'en ai parlé depuis au docteur Bœckel et au pasteur Hirt, de Haguenau ; le dernier surtout m'a promis de faire des recherches.

«La lettre au ministère n'a pas reçu de réponse.

«M. Ed. Laboulaye m'arrête un instant ; en me quittant, il me serre la main, et me dit : «Ayez bon courage !»

«Pendant la discussion était entrée la maréchale Canrobert, portant le brassard de la Société. Elle préside la Société des dames. On la prie de se charger d'une négociation avec le général X..., à l'effet d'obtenir que les blessés soient confiés à la Société. «Il ne vous refusera pas,» dit le président. «Oh, non,» répond la maréchale. Quels indignes détours pour une affaire aussi simple, et quelle perte de temps !...

XIII.

«Journée du 18 août. — M. Dorn vient me
réveiller à six heures du matin ; j'aurais mieux
aimé dormir, mais c'est son habitude. Nous
commandons un solide déjeûner pour notre
retour. Nous parcourons les halles ; cela
m'intéressait assez peu en ce moment. Dorn
s'arrêtait et demandait des renseignements
partout. J'achète un petit journal, *la Guerre,*
je crois, qui annonce la grande victoire du
16 (!). Je ne sais combien de régiments allemands sont détruits, combien de princes tués.

«Je me rends au Palais de l'Industrie, où
l'on me fait attendre bien longtemps. Enfin,
je vois M. Chenu qui me dit que les médicaments sont commandés et que les caisses seront au Palais à quatre heures. J'avais été à
la gare de Mulhouse, je pouvais prendre le

train express à huit heures du soir. Un autre train partait le matin.

«Je déjeûnai ce jour-là chez Duval. Je ne me rappelle plus dans l'ordre tout ce que je fis ce jour; je sais seulement que je gardai ma voiture sept heures de suite. Pendant que j'avais été au Palais étaient arrivés des médecins suisses, accompagnés de leur ministre. Ils se mettaient à la disposition de la Société. J'ai su depuis qu'un nombre égal de leurs collègues étaient allés offrir leurs services en Allemagne. Ce matin je vis également le docteur Nélaton. Le comte Sérurier me signa une demande de marche-route d'officier qui devait me faire voyager en payant un quart de place seulement.

«J'avais déjeûné, je crois, avant d'aller au Palais. Je me fis conduire à l'intendance de la 1re division pour obtenir ma marche-route. Elle était pleine de jeunes gens qui rejoignaient leur corps. Aux murs et sur les tables de mauvaises cartes, comme partout en France. Les mairies regorgeaient de volontaires qui attendaient depuis trois à quatre jours leur tour d'inscription. On m'assura que le même entrain régnait par toute la France. En revanche, le monde des boulevards était parfaitement calme, la ville semblait en pleine paix; tout le monde était confiant. Sur le quai, je vis passer un détachement de cuirassiers; une femme du peuple s'écria: «Ils vont leur préparer ça, aux Prussiens.» Cette physionomie de Paris m'attrista. Quand des volontaires ou des soldats passaient, personne ne s'arrêtait pour les saluer. J'en vis défiler beaucoup devant le Palais de l'Industrie pendant que je me tenais dans l'antichambre; ils étaient tous silencieux. Une colonne de volontaires qui traversait la rue de Rivoli entonna faiblement la Marseillaise. C'est le seul chant patriotique que j'aie entendu à Paris. Il m'a été impossible de me défendre de l'idée que ces volontaires n'étaient pas tous volontaires, qu'il y avait là beaucoup d'ouvriers manquant de pain et qui avaient pris le fusil comme pis-aller. Quelques jeunes gens de la ville portaient de petits drapeaux français à leurs chapeaux, démonstration puérile! Cependant je n'ai pas vu maltraiter un seul Allemand dans les rues.

«Dans l'après-midi je revis un instant Fischbacher; de là, j'allai trouver H..., puis le colonel Dorn. Je lui demande où sont tous nos canons et chassepots ; il me montre une longue série de registres, parfaitement rangés. Tout est inscrit là-dedans, mais quand on entre dans les arsenaux, ils sont vides. L'administration de la guerre n'a été pendant des années qu'un brigandage organisé.

«Nous allons au ministère de la guerre. Dorn y monte pour demander des nouvelles de l'officier que m'a indiqué Mad. U... ; je vais à l'intendance prendre ma marche-route qu'on a dû préparer en attendant. Je reviens, Dorn n'est pas descendu et je l'attends un bon moment sous la porte cochère. Une affiche placée là indique les numéros des régiments dont on connaît les pertes en officiers. Les noms des soldats ne sont pas parvenus. Dorn revient, l'officier n'est pas parmi les tués ni parmi les blessés. On avait déjà demandé de ses nouvelles dans la journée ; la pauvre famille s'est adressée partout. Combien d'autres sont plongées dans la même incertitude ! On m'a remis à Paris une lettre de la comtesse Feray[1] à son fils, sergent de

1. Mad. la comtesse Feray d'Isly, fille du maréchal Bugeaud.

turcos. Elle n'a aucune nouvelle de lui et écrit dans toutes les directions. Sa lettre est navrante. Je l'ai remise à l'Internationale de Bâle pour la faire parvenir en Allemagne.

«Il est temps de retourner au Palais de l'Industrie. Mes caisses ne sont pas arrivées. J'attends deux heures. M. Chenu m'affirme qu'elles sont commandées. Je ne puis entrer dans la salle. Enfin, je vais chez Dorvault. Il déclare qu'il n'a pas reçu de commande, il a réduit ma liste avec M. Chenu, mais comme il se propose de tout livrer gratis à la Société et que ma commande est trop forte, il ne saurait l'accepter. Je retourne à la Société; M. Chenu est près de se fâcher; enfin, grâce à M. de Vogué, je lui arrache une commande écrite pour M. Dorvault. Je me fais donner des étiquettes aux insignes de la Société pour les coller sur mes caisses. Une dame, restée seule dans les magasins, me les remet après avoir longtemps cherché. Elle me montre, dans un registre, la liste de tout ce qui a été expédié sur Strasbourg. Il y a entre autres un millier de chemises; tout cela est resté en route.

«Je cours chez Dorvault, espérant que je

pourrai du moins partir le lendemain matin. Les commis viennent de quitter, mais peut-être les caisses seront-elles prêtes à temps ; on s'y mettra demain sans retard.

«Je cherche un bureau du chemin de fer de Mulhouse pour connaître l'heure du départ ; le train du matin part à sept heures, mes médicaments ne seront pas prêts. Je ne trouve pas de bureau de la ligne de Lyon ; peut-être arriverai-je plus vite en passant par Dijon. J'achète un numéro du *Train* et je vois que le plus court sera encore d'attendre le train de demain soir pour Mulhouse. Je retourne à l'hôtel, j'y trouve la lettre de K... et une dépêche de Kablé, du Hâvre, qui me dit qu'il n'a pas bien compris ma lettre et me demande s'il me trouvera encore à Paris le lendemain à quatre heures. Je vais au bureau du télégraphe près du Théâtre français et lui réponds, « qu'il vienne et m'apporte des valeurs non réalisables par les Prussiens.» Les boulevards sont pleins de monde et de femmes publiques comme toujours. Quel triste spectacle quand le pays est en danger ! J'étais retourné dans la soirée chez M. Casthelaz, le priant, si je ne pouvais partir le lendemain matin, de me composer deux caisses supplémentaires de médicaments. En comparant ce que nous demandons et ce qu'on nous donne, il verra ce qu'il y a de plus indispensable. Pendant que nous causons dans son arrière-boutique, survient un de ses commis qui est de la mobile et qui a été expédié de Châlons au camp de Saint-Maur. Ce jeune homme est plein de confiance : les Prussiens sont cernés et pris entre Châlons, Strasbourg et Metz ! Joint aux nouvelles du 14 et du 16, cela suffit pour relever M. Casthelaz. Si tout le monde est aveuglé à ce point, il n'y a plus d'espoir pour la France.

XIV.

«Journée du 19 août. — Je me lève assez tard ; je n'arrive pas avant huit heures chez M. Dorvault. Les caisses ne sont pas encore prêtes ; les étiquettes de la Société y seront collées et il m'en restera deux pour celles de M. Casthelaz. Je me fais donner la liste du contenu. Cette liste, ainsi que la note de M. Casthelaz, me fut retenue plus tard par les médecins allemands ; elle est arrivée en ville avec les caisses. M. Dorvault consignera les caisses à la gare, je repasserai à deux heures pour prendre le reçu.

«Je vais chez M. Casthelaz ; les caisses seront prêtes dans l'après-midi, je les prendrai en allant à la gare. Je signe un bon pour une somme d'environ onze cents francs ; les deux autres caisses ont une valeur de plus de deux mille francs.

«Je n'avais plus rien à faire à Paris et nulle envie de voir quelqu'un. Je flâne sur les boulevards, j'achète des journaux. Enfin, je retourne chez Fischbacher, j'écris un mot à K..., puis Fischbacher me conduit au boulevard Lenoir, chez Athanase Coquerel. Il y a là des dames qui travaillent pour les blessés ; les libéraux et les orthodoxes se sont séparés même pour cette œuvre de charité, par la faute, parait-il, des orthodoxes. Coquerel a prèché sur la guerre, et la quête a produit plus de quatre mille francs pour les blessés. Il songe à organiser des ambulances, je lui donne quelques renseignements sur la manière dont nous avons procédé. Coquerel me fait ses adieux très-affectueusement ; il avait déjà entendu parler de mon arrivée. Les uns disaient que j'avais eu beaucoup de peine à traverser les lignes prussiennes, les autres, que j'avais passé sans difficultés.

«Nous allons prendre mon reçu chez M. Dorvault. A quatre heures, nous nous dirigeons vers la gare Saint-Lazare pour prendre Kablé. Le train arrive, Kablé n'y est pas. Pensant que nous l'avons peut-être manqué, nous retournons à l'hôtel et passons une demi-heure environ sur le trottoir à attendre. Enfin, je paie ma note, je prends mon drapeau et mon sac. J'exprime à la maîtresse de l'hôtel mes craintes de ne pas rentrer à Strasbourg; elle cherche à me rassurer en me rappelant que c'est pour une bonne œuvre que je m'expose. Nous prenons les caisses chez M. Casthelaz; à la gare, nous nous faisons délivrer celles de M. Dorvault. Grâce à ma feuille de route, je ne paie ma place de première qu'une quinzaine de francs et mes caisses un peu plus de huit francs. Elles pèsent cent soixante quinze kilogrammes.

«Je dis adieu à Fischbacher, j'achète encore un *Temps* et une *Opinion Nationale* du jour, après quoi je me mets à lire tous mes journaux; à Paris je n'en avais pas trouvé le loisir. L'éclairage laissant à désirer, je lis assez péniblement, et en me tenant debout le plus souvent, pour me rapprocher de la lumière. Mes compagnons de route sont peu intéressants; ils ne sont pas assez nombreux pour m'empêcher de m'étendre. Le temps est toujours beau...

«Journée du 20 août. — Entre Chaumont et Vesoul, nous croisons une dizaine de trains militaires. Je ne sais quelles sont ces troupes. Notre train n'est plus express du tout, on s'arrête à chaque station pour recueillir des volontaires et des conscrits qu'on fourre dans tous les compartiments sans distinction de classe. Le nôtre en est bourré. Il y a là des jeunes gens d'Epinal qu'on a expédiés à Vesoul, puis à Langres et qui reviennent à Epinal. Ils ont perdu une bonne semaine pour leur instruction. Partout le même désordre, la même incurie. J'achève la lecture de mes journaux.

«A Belfort, un inconnu me demande, à la vue de mon brassard, si je suis de l'Internationale, si je m'appelle Schillinger. C'est M. Doll, consul badois, bavarois et wurtembergeois à Mulhouse. Il s'est chargé de m'accompagner à Strasbourg ; s'il n'y entre pas, dit-il, le diable n'y entrera pas. Il est venu à Belfort faire timbrer son brassard par l'autorité militaire. Il me demande un de mes journaux pour le chef du télégraphe, qui n'a pas réussi à s'en procurer ; je lui remets l'*Opinion Nationale*, bien que je ne l'aie pas encore lue. Je suis enchanté de trouver un compagnon de route, et bientôt je partage sa confiance. M. Doll a ses beaux-parents à Strasbourg, il désire les voir et retourner aussitôt à Mulhouse. Je lui communique mon idée d'aller à Bâle, afin de faire demander par le télégraphe un laisser-passer à Carlsruhe, et de voir s'il n'y a pas moyen d'y trouver encore de l'argent. M. Doll m'approuve : je continuerai sur Bâle, le lendemain je dînerai avec lui et nous partirons pour Colmar. M. Doll prend mon billet de bagages, il fera visiter les caisses par un pharmacien de ses amis pour s'assurer qu'elles ne contiennent rien de compromettant, et y apposera le sceau du consulat. Je raconte à M. Doll ce que j'ai vu à Paris ; il n'y a pas encore de nouvelles de la bataille du 18, si ce n'est ce que Palikao en a dit à la Chambre, en la présentant comme une victoire.

«Nous n'arrivons à Mulhouse que vers midi. M. Doll emporte mon paquet de journaux et mon drapeau. Je cours prendre un billet pour Saint-Louis ; il n'y a pas de billets militaires pour Bâle. On me donne un billet de secondes, avec lequel je monte en premières,

car il n'y a pas de secondes. On ne fait plus aucune distinction entre les classes. M. Doll m'a
remis un mot pour le commissaire de police de
Saint-Louis, pour le cas où l'on refuserait de
me laisser passer la frontière. Je fais route
avec une famille de Mulhouse qui se réfugie
en Suisse ; le mari reviendra le soir.

« A Saint-Louis, je prends un nouveau billet.
Personne ne m'inquiète. Un peu plus loin,
nous apercevons des soldats suisses attablés
devant une auberge isolée. Bâle est rempli de
troupes ; on commence pourtant à les licen-
cier, la guerre s'étant portée d'un autre côté.

« A une heure j'arrive à Bâle : je prends
l'omnibus de la *Croix blanche,* où je suis
rendu à temps pour le dîner. Je n'avais rien
pris depuis la veille à trois heures. Les con-
vives sont tous des officiers suisses ; je ne
prends aucune part à leur conversation et
mange de très-bon appétit, en parcourant
quelques journaux qui ne confirment que
trop ce que j'avais toujours soupçonné, c'est-
à-dire que les trois batailles du 14, 16 et 18
devant Metz étaient autant de défaites. Mac-
Mahon était en retraite sur Châlons, Bazaine
était définitivement enfermé dans Metz.

«Après avoir pris le café sur la terrasse
près du pont, je me mets à la recherche de la
Société Internationale, qui est établie dans
les environs de la cathédrale. J'ai quelque
peine à découvrir la maison ; enfin, un fac-
teur de la poste me tire d'embarras. A la vue
de mon brassard, les sentinelles me portent les
armes, à quoi je m'efforce de ne pas répondre
trop gauchement par le salut militaire.

«A l'agence de la Société, je trouve deux
jeunes gens... On me remet un télégramme
de Kablé, du Hâvre. Je lui avais indiqué cette
voie ; il m'annonce que la Société du Hâvre
ne peut rien nous donner, mais que M. Delaroche tient cinq cents francs à notre disposition. La Société de Bâle a expédié mille francs
à Strasbourg par je ne sais quelle voie ; très-
probablement cette somme n'est pas arrivée,
et il n'y a pas d'autre argent pour nous. Sur
ma prière, l'un des jeunes gens envoie une
dépêche à Carlsruhe, demandant un sauf-
conduit pour me faire passer les lignes allemandes. Je repasserai à six heures, pour
voir s'il y a une réponse. La Société de Bâle
a expédié sur Strasbourg plusieurs caisses,
venant surtout de la Suisse française ; tout

cela a dû rester en route. A Paris, on m'a demandé si j'avais connaissance d'une Société internationale établie à St-Louis et qui avait offert ses services pour faire passer des lettres en Suisse et en Allemagne. J'avais répondu qu'on pouvait avoir confiance, que j'avais entendu parler de cette Société à Mulhouse. Ici, je m'informe d'elle ; elle fonctionne en effet. Je remets la lettre de la comtesse Feray, me proposant de m'informer de son fils de mon côté, dès que je serais de retour à Strasbourg. La Société de Bâle sert d'intermédiaire entre la France et l'Allemagne. Pendant que j'y étais, arriva un gros paquet de lettres sous double enveloppe, qu'il s'agissait de réexpédier pour l'un ou l'autre des pays belligérants. A six .heures, je retourne à la Société internationale. Un instant j'avais songé à rendre visite à Hagenbach, mais je n'avais décidément pas le cœur aux visites.

«Il n'est pas arrivé de réponse de Carlsruhe. Peut-être viendra-t-elle dans la soirée ou demain matin. Avant de partir, j'irai m'informer chez l'un de ces messieurs. Survient une très-vieille dame, tremblotante, qui est à la recherche d'un M. Hering qui était venu de Strasbourg. Je lui dis que je serais également fort aise de le voir. Elle me demande où je suis pasteur.

« Je quitte l'agence. Ces messieurs sont persuadés que je n'entrerai à Strasbourg ni avec ni sans mes caisses. Quelqu'un qui revient de Carlsruhe m'assure que Kehl est en feu, que Strasbourg a été bombardé, que demain les Prussiens marcheront vers le Haut-Rhin. Tout cela est peu rassurant.

«Après avoir parcouru quelques rues, je rencontre encore une fois la vieille dame de tout-à-l'heure. Elle est toujours à la recherche de M. Hering. J'offre de l'accompagner. Elle était avec une dame qui lui donnait le bras. Nous entrons dans une maison de banque; M. Hering n'y est pas. La dame m'invite à souper, je réponds évasivement. Enfin, j'apprends son nom : c'est Mlle Kestner, âgée de plus de quatre-vingts ans, la sœur de M. Kestner que j'ai connu au Hâvre. Je lui parle de son frère; elle réitère son invitation et j'accepte.

«Nous rencontrons un aumônier suisse; c'est M. Furrer, auteur d'un voyage en Palestine. Il me charge de ses amitiés pour M. le professeur Reuss. Il me dit que chez eux les aumôniers protestants et catholiques en campagne font alternativement le culte et que tous les soldats y assistent sans distinction.

«Nous rentrons chez Mlle Kestner au Domhof; elle commande le souper, après quoi nous allons en voiture à la gare allemande. A l'agence, on nous avait dit que M. Hering partirait par le train du soir. Nous apprenons qu'il n'y a plus de train et nous allons souper. C'est un curieux ménage que celui de Mlle Kestner : des poêles immenses, des portraits de famille dont quelques-uns trèsbien faits, celui de la Charlotte de Gœthe, par exemple. On me montre et m'explique tout cela. Les meubles sont antiques et doivent avoir du prix. Mlle Kestner paraît extrêmement active et toute consacrée aux bonnes œuvres; j'ai pu voir qu'elle jouit de l'estime générale. Il est dix heures quand je prends congé de mon intéressante connaissance, en lui disant au revoir.

«Journée du 21 août. — Ma voiture me conduit à la gare. J'arrive en avance. En flânant devant le bâtiment, au soleil, je retrouve M. B... (je n'ai appris son nom qu'à

Colmar) et M. H..., le professeur d'anglais du lycée de Colmar. M. H... a fait l'emplette d'un superbe pot de fleurs à très-bon marché. La guerre a tout fait baisser de prix, même à Bâle. Je prends mon billet à Saint-Louis, une place de secondes, avec laquelle on nous fait monter en premières. A Saint-Louis, je reprends un billet militaire. Tout le monde descend, mais la visite n'est pas sévère. Un jeune homme de Colmar qui se trouve dans notre compartiment avoue qu'il s'est sauvé en Suisse, et qu'il compte y retourner. Voilà la jeunesse élevée par l'empire !

«A Mulhouse, je consigne mon sac et mon châle. Quelques pas plus loin, je rencontre M. Doll qui m'attendait. Nous allons vers l'hôtel-de-ville. M. Doll est accosté à chaque pas, entre autres par le sous-préfet, le commissaire de police, etc. Mon compagnon de voyage est évidemment un homme très-répandu et très-estimé. Mad. Doll me reçoit comme un vieil ami. C'est un intérieur charmant. La famille est un peu inquiétée par le départ de M. Doll ; elle ne soupçonne pourtant pas la situation de Strasbourg. M. Doll me passe un journal, la *Liberté*, qu'il reçoit chaque jour de Paris sous enveloppe, comme lettre. Une dépêche annonce que le bombardement de Strasbourg a commencé. Je me garde d'en donner lecture à Mad. Doll ; monsieur lui-même ne l'a pas aperçue.

«Nous dînons lestement et nous prenons congé. On m'invite à revenir en des temps plus calmes...

«A la gare, je retire mon sac, je prends mon billet militaire, ou plutôt M. Doll en prend deux avec ma feuille de route. Il emporte un gros paquet de lettres qu'on lui a remises pour Strasbourg. Comme consul, il a rang de colonel, je crois ; il s'est fait faire pour la circonstance une casquette blanche avec croix rouge et ornée de cinq galons d'or. De plus, il emporte ses trois brevets de consul, revêtus de sceaux énormes... Je ne sais plus à quelle station un machiniste soutient que le siége de Strasbourg est levé. Après la sortie sur Illkirch, les Badois s'étaient retirés momentanément, c'est peut-être ce qui avait donné naissance à ce bruit absurde auquel j'ai failli ajouter foi.

«J'avais reçu à Paris une lettre pour le préfet de Colmar, M. Salles. Nous décidons que M. Doll ira la porter et priera le préfet d'annoncer par télégraphe notre arrivée au sous-préfet de Schlestadt. Après quoi, il se mettra en quête d'une voiture et viendra me prendre chez Mad. Umdenstock.

«Le notaire, son fils Edmond et Léon Umdenstock m'attendent au débarcadère. Je pense qu'ils y venaient régulièrement depuis deux ou trois jours ; il n'y avait plus d'autre train que celui-là. Edmond s'empare de mon drapeau. Nous causons naturellement de mon séjour à Paris. Mon paquet de journaux est le bien-venu ; quand on les aura lus à Colmar, on les enverra à Muhlbach. Je tâche d'égayer un peu la conversation ; évidemment mes parents ont des appréhensions au sujet de mon sort, et le notaire grogne un peu de ce que je me suis chargé d'une pareille mission.

«M. Doll arrive avec sa voiture. Adieux émus. M. Doll se met à lire les lettres qu'on lui a confiées. Il y en a une qui nous fait bien rire ; c'est une bonne demandant qu'on lui envoie sans retard son châle rayé.

«A Schlestadt, nous descendons à l'*Hôtel du Bouc*. Sortis pour voir le sous-préfet, nous le trouvons dans la rue. Il est plein de

confiance : la mobile de Schlestadt est coura-
geuse. Il y a peu de jours, un officier est
parti avec une cinquantaine de volontaires,
et a surpris près de St-Maurice, à l'entrée du
val de Villé, un détachement de dragons badois qui ont été mis en fuite après avoir
perdu quelques hommes. L'officier, ayant
agi sans ordres, a été mis aux arrêts ; mais le
ministre a envoyé ses félicitations, et l'affaire
a eu un effet moral heureux sur la garnison.
Le sous-préfet avoue qu'en transmettant la
nouvelle au ministère, il l'a un peu embellie.
Il est convaincu que Schlestadt résistera en
cas de siége ; Phalsbourg tient encore. Il nous
engage à passer chez lui après notre souper.
M. Doll lui promet un journal.

« Après le souper, nous allons à la préfecture. Conversation insignifiante. M. Doll prie
le sous-préfet d'envoyer le lendemain à six
heures un gendarme à l'hôtel, pour le cas où
notre cocher, qui n'a été engagé que pour Schlestadt, refuserait de nous conduire plus loin.

« Le cocher promet d'être debout à cinq
heures ; il ne se fait pas prier pour aller plus
loin ; il connaît M. Doll de longue date et déclare qu'il irait avec lui en enfer, s'il le fallait.

XV.

«Journée du 22 août. — Nous partons un
peu après six heures. Le sous-préfet renvoie à
M. Doll son journal, mais sur mon conseil.
il se décide à ne pas l'emporter. Devant l'hôtel
se tient une diligence qui fait le service de
Barr, avec des laisser-passer prussiens qui
indiquent le nombre des voyageurs. Je fixe
le drapeau à notre voiture et m'installe sur
le siége pour parlementer avec les Prussiens.
de peur que la pétulance de M. Doll ne nous
cause des difficultés. Une tablette de chocolat
me gagne la confiance du cocher qui se répand
en éloges sur le compte de M. Doll. Nous
marchons bon train. La première patrouille
badoise, composée de dragons, se montre
assez en avant de Benfeld. Elle nous fait

arrêter, examine mes papiers, et nous laisse passer, en me disant que très-probablement j'entrerais à Strasbourg. Elle se composait de trois hommes. Plus loin, ce sont des sentinelles à cheval, se dissimulant si bien derrière les arbres qu'on ne les aperçoit que lorsqu'on est à leurs côtés. Le cocher salue avec empressement ; il s'agit d'être poli avec eux, dit-il. Je touche également mon chapeau en passant. Les sentinelles se succèdent. Un poste plus nombreux nous arrête encore une fois. Ce sont une trentaine de cavaliers établis dans un champ. Comme le sous-officier reste un peu longtemps à examiner les papiers que je lui présente, M. Doll sort la tête de la voiture et tend au soldat son parchemin badois. L'en tête : *Im Namen des Grossherzogs von Baden,* produit sur le militaire un effet magique. Sans demander d'autres explications, il salue et nous invite à continuer notre chemin.

« A Benfeld, il y a plusieurs centaines d'hommes. Nous nous décidons à pousser jusqu'au village prochain pour ne pas stationner au milieu des soldats et nous exposer à leurs questions. Ce village est très-près. Nous descendons, j'achève mon chocolat en

songeant à nos soldats qui se laissent surprendre partout, tandis que les Allemands
sont admirablement gardés de tous côtés. Le
cocher demande de l'eau et du fourrage dans
une maison de paysans. Le fils de ces gens a
dû partir avec une voiture et un cheval,
requis par les Allemands, et l'on est très-
inquiet à son sujet. La commune a été con-
damnée à payer une contribution de guerre
assez forte ; le maire et l'instituteur vont se
rendre au quartier-général pour essayer d'obtenir une réduction. Nous les voyons passer ;
ils croient que nous entrerons à Strasbourg,
mais ils n'ont aucun renseignement à nous
donner sur la situation.

«Après avoir écouté les lamentations de
nos braves paysans, qui voudraient nous faire
entrer chez eux et qui n'acceptent rien du
cocher, nous nous remettons en route.

«Nous rencontrons beaucoup de soldats,
mais nous ne sommes plus arrêtés. On nous
laisse traverser Graffenstaden et Illkirch.
Enfin, nous arrivons au canal ; la route est
barricadée et l'on y construit des retranche-
ments. C'est probablement le poste le plus
avancé. M. Doll décline ses qualités à l'offi-

cier qui le commande et qui nous accueille avec beaucoup de civilité. Un ordre formel venu du quartier-général, il y a une heure à peine, défend de laisser passer personne sans autorisation spéciale. L'officier nous conseille d'aller au quartier-général demander cette autorisation. Un sous-officier déploie une carte magnifique du Bas-Rhin et nous indique les villages que nous aurons à traverser. J'ai vu depuis les cartes que l'on a distribuées à nos officiers, *la veille* de la bataille de Wœrth. Elles ont tout au plus deux décimètres carrés et comprennent l'est de la France, la Bavière, la Prusse, que sais-je encore ? Un jeune sous-lieutenant, apprenant que nous allons voir M. Messmer, le directeur de l'usine, nous dit que c'est son oncle et nous prie de le saluer. Il était campé en ennemi dans le pays que sans doute il avait plus d'une fois visité antérieurement et où se trouvait établie une partie de sa famille. Une sentinelle amène un jeune homme qui s'est échappé de la ville. L'officier s'irrite qu'on n'ait pas tiré sur lui ; les sentinelles ont l'ordre de tirer sur toute personne qui n'est pas munie d'un drapeau blanc (*Flagge*).

«Nous trouvons M. Messmer à la mairie ; il est très-occupé. Le jeune homme de tout-à-l'heure vient demander un laisser-passer ; il annonce un immense incendie au faubourg National. Un paysan nous conduit chez le lieutenant-colonel qui commande dans le village et doit nous donner un laisser-passer pour le quartier-général badois établi à Schæffolsheim.

«Grâce à son titre, M. Doll est fort bien reçu par le lieutenant-colonel et obtient un laisser-passer pour lui *mit Begleitung* [1]. Il est fort probable que si j'avais été seul, je ne serais jamais arrivé à Mundolsheim ; le respect des Allemands pour les titres m'a servi une fois dans ma vie.

«Le paysan, notre guide, nous a raconté la sortie des Français sur Illkirch. Ils ont perdu leurs trois canons ; c'est là que le colonel Fiévet a été blessé.

«La femme de l'aubergiste parle avec éloges de la piété des soldats allemands. Samedi soir, ils ont entonné chez elle : *Ein feste Burg*. Ils parlent avec attendrissement de

1. «Avec sa suite.»

leurs familles, ils déplorent la guerre; ils paient tout ce qu'ils consomment.

«Notre dîner est copieux; on ne manque de rien, malgré la présence de l'ennemi. Le cocher, qui avait commencé à murmurer, reprend courage, et nous nous dirigeons, à deux heures environ, sur Geispolsheim, Entzheim, etc. Sur toute la route, nous rencontrons des soldats qui coupent les branches des saules et construisent des fascines. On a fait de même dans tous les villages des environs; à Hurtigheim, on a même abandonné une certaine quantité de gabions qui étaient de trop, paraît-il.

«Le cocher recommence bientôt ses lamentations : son cheval est fatigué; il nous arrive quelquefois de nous tromper de route, alors la mauvaise humeur de mon voisin (j'ai repris ma place sur le siége) se tourne contre moi, et je fais de vains efforts pour le calmer. A Geispolsheim, nous longeons un parc d'artillerie. A Schæffolsheim, nous pensons être au bout de nos pérégrinations et nous demandons le général, mais nous ne réussissons à voir qu'un adjudant et un petit «auditeur»[1]

1. Fonctionnaire de la justice militaire.

très-vif, qui nous accable de théories. «Les médicaments, disent-ils, ne peuvent pas entrer; nous voulons exercer une pression sur les habitants, et le manque de médicaments viendra à notre aide.» Ces messieurs sont encore très-irrités de l'affaire de Saint-Maurice; on a fait des prisonniers, entre autres deux curés, et on traitera tout le monde avec la dernière rigueur. «Tous ceux qui tirent sur les Prussiens sans porter l'uniforme militaire seront pendus sans miséricorde. Les Allemands n'ont pas voulu la guerre, ils ne sont pas responsables des maux que la guerre entraînera. Du reste, leur succès est absolument assuré.» Nous répliquons, mais notre «auditeur» a une manière de faire résonner son sabre en parlant, qui rend la discussion *recht ungemüthlich*[1]. D'ailleurs, ce n'est ici que le quartier-général badois, et nous ne pouvons obtenir notre autorisation qu'au quartier-général prussien, à Mundolsheim. Avant de remonter en voiture, nous faisons un bout de conversation avec un major. J'essaie de lui recommander les deux curés de Saint-Maurice, en lui disant (ce que j'ai

1. «Bien peu agréable.»

appris du sous-préfet de Schlestadt) que ces curés ont recueilli chez eux des blessés prussiens, ou plutôt badois. Ils avaient reçu chez eux les dragons à leur arrivée, et pendant que ceux-ci se trouvaient au presbytère était survenue la mobile de Schlestadt. On avait cru voir à tort dans leur invitation un acte de complicité.

«Je ne me rappelle plus bien la route que nous avons prise pour aller à Mundolsheim. Tous les villages sont bourrés de soldats, les chemins en sont couverts; notre cocher, malgré son dépit, ne fait plus que saluer. A l'entrée de Mundolsheim, nous faisons arrêter la voiture et nous nous mettons à la recherche du quartier-général. Tout près de la maison où demeure M. de Werder, nous sommes accostés par M. de Lepel, son adjudant. L'accueil n'est rien moins que gracieux. Ni nos caisses ni nous n'entrerons en ville; si nous nous hasardons au-delà des avant-postes nous serons infailliblement fusillés. M. Lepel nous demande aussi si nous avons le droit de porter nos brassards. Enfin, je déclare que si mes caisses ne peuvent entrer, je les conduirai à Haguenau pour qu'elles servent

au moins à quelque chose. M. de Lepel se radoucit et répond qu'en ce cas il faut m'adresser
au prince de Hohenlohe, chargé de ce service
comme chef des chevaliers de Saint-Jean.

«L'oreille basse, nous allons chez le prince
de Hohenlohe. Il nous accueille parfaitement,
mais nous demande aussi si nous avons le
droit de porter nos brassards. M. Doll dé-
roule devant lui ses parchemins consulaires
qui produisent beaucoup moins d'effet que
chez les Badois. Le prince ne peut rien faire
pour nous obtenir la permission d'entrer en
ville. Je lui propose de partager mes médicaments entre les Allemands et les Français;
il répond que les Allemands n'ont besoin de
rien et approuve mon idée d'aller à Haguenau.
Il me note lui-même dans mon carnet les
endroits que j'aurai à traverser.

«Nous allons trouver le pasteur, M. Beck.
Je ne lui avais jamais parlé, mais je le voyais
de temps en temps au Casino, retiré dans un
coin à lire son journal. Il m'accueille fort
bien; après avoir entendu le récit de nos
aventures, il nous sert du vin et du pain,
après quoi M. Doll sort pour se procurer un
laisser-passer pour Mulhouse, tandis que

M. Beck et moi nous allons chercher une voiture qui puisse me conduire demain à Haguenau avec mes caisses. Nous en trouvons une sans trop de difficultés et nous y faisons charger immédiatement les caisses. Je partirai demain de bonne heure.

«M. Doll revient; il a pu voir M. de Werder et a obtenu l'entrée à Strasbourg de mes caisses et de ma personne. Le général a déclaré que la place d'un pasteur était en ce moment au milieu de sa paroisse. Cette nouvelle me remplit de joie. Trois médecins allemands viennent visiter le contenu des caisses, mais ils n'ouvrent que la plus petite. Plus tard, ils reviennent pour transporter les caisses dans leur propre logement, afin de les mettre en sûreté. I!s me disent de me tenir prêt pour le lendemain à cinq heures. Si à sept heures je n'ai pas été appelé, j'aurai à me présenter devant le général. J'entrerai seul en ville d'abord, les caisses ne seront délivrées que si le général Uhrich les réclame et fait, par conséquent, connaître la situation de la ville à cet égard.

«Dans la soirée sont arrivés les enfants de M. Beck; ils s'étaient réfugiés en ville après la bataille de Wœrth, chez une amie de leur famille. M. Beck a mis en sûreté dans la même maison les objets les plus précieux, presque toute sa fortune. D'autres habitants du village et des villages environnants ont fait de même; il y a un nombre incroyable de paysans des environs réfugiés en ville. Cela se comprend; on se rappelait l'invasion de 1814 et de 1815, où Strasbourg n'avait pas souffert, tandis que Mundolsheim, par exemple, avait été en partie brûlé après une sortie du général Rapp, pendant laquelle quelques habitants du village devaient avoir tiré sur les Allemands.

«Voyant la ville cernée et menacée d'un siége, M. Beck se lamentait au sujet de ses enfants. Un général Schulz, qui logeait chez lui, finit par lui proposer de les faire sortir avec un parlementaire français. M. Beck écrivit au général Uhrich une lettre qui produisit son effet. Les deux jeunes gens furent conduits jusqu'aux avant-postes de Schiltigheim; de là, ils rentrèrent par Hœnheim et Souffelweyersheim. Je ressentis vivement la joie de cette brave famille qui retrouvait ainsi les siens.

«Ils apportaient des nouvelles de la ville. Au faubourg National, dix maisons avaient brûlé; dans la rue de l'Arc-en-ciel, un obus, tombé dans un pensionnat catholique, avait tué et blessé sept jeunes filles...

«C'est la sortie des enfants Beck qui a été, si je ne me trompe, la cause de la sortie des deux ou trois mille personnes qui ont pu quitter Strasbourg avec des sauf-conduits prussiens [1]. Dès lundi soir, beaucoup de parents qui avaient leurs enfants en ville vinrent se plaindre au presbytère de ce que le pasteur n'avait songé qu'à ses propres enfants. M. Beck s'excusa sur ce qu'il n'avait eu qu'un moment pour écrire sa lettre et ajouta que les autres obtiendraient sans doute la même permission. On me remit deux ou trois lettres, sachant que je devais rentrer le lendemain, et je promis de faire mon possible pour obtenir la sortie des personnes à qui elles étaient adressées. Quand je fus retenu à Mundolsheim, on s'adressa à M. de Lepel ou au général lui-même. Les Prussiens répondirent qu'en lais-

1. Ce chiffre nous semble fortement exagéré, si Schillinger n'a pas voulu parler en même temps des protégés de la mission suisse.

sant sortir quelqu'un, ils faisaient une grâce
et que cette grâce devait être implorée par
un ecclésiastique. M. Beck se mit alors à
écrire des demandes, qui, dans leur forme la
plus simple, étaient conçues ainsi : *Unter-
zeichneter bittet die preussischen Militær-
behœrden der . . . . . die Erlaubniss zu er-
theilen aus Strassburg zu gehen*[1]. Ces demandes étaient écrites sur tous les chiffons
de papier possible, datées, signées et revètues
du sceau de l'Église. Sur le revers, M. de
Lepel écrivait : *Kœnnen passiren*[2], en ajou-
tant le timbre du général. Plus tard, la porte
d'Austerlitz (*Südseite*) fut indiquée comme
seule ouverte aux émigrants. De Mundolsheim, la nouvelle que l'on pouvait faire sortir
des personnes de Strasbourg se répandit rapidement dans les environs.

« Entre Graffenstaden et Mundolsheim,
nous avions vu établir le télégraphe qui relie
tous les villages occupés par les Prussiens et
qui sert à transmettre les ordres. C'était ex-

1. «Le soussigné prie les autorités militaires prussiennes d'accorder à N... la permission de sortir de
Strasbourg.»

2. «Les porteurs de la présente peuvent passer.»

trèmement curieux à voir. Un homme enfonçait dans les arbres une patère blanche ; un autre, armé d'un dévidoir chargé de fil de fer, y fixait son fil ; quand on ne trouvait pas d'arbre convenablement placé, on enfonçait à la hâte un poteau. L'opération s'accomplissait avec une incroyable rapidité ; trois ou quatre hommes et une petite voiture y suffisaient largement.

«Après le souper, j'écrivis quelques lettres que M. Doll devait emporter le lendemain, pour Jeanmaire, pour l'Internationale de Bâle que je priais d'annoncer mon entrée en ville à la Société de Paris, etc. Je disais à tous ces amis, en deux mots, le sort qui attendait la ville. Nous avions appris dans la journée que Strasbourg allait être bombardé à outrance et qu'on y emploierait les pièces qui avaient servi au bombardement de Düppel. Nous pensions que la ville entière allait être détruite ; néanmoins je n'éprouvais aucune crainte pour moi-même, peut-être parce que je n'avais encore aucune idée de ce qu'un bombardement est en réalité.

«M. Doll était épouvanté pour ses beaux-parents. Il me remit pour eux une lettre dans laquelle il les pressait très-vivement de quitter la ville. M. Doll me remit en outre les lettres dont on l'avait chargé à Mulhouse et à Colmar. Enfin, il écrivit à M. Eug. Bœckel à Haguenau. Il avait parlé de lui à M. de Werder, lequel avait déclaré qu'il le laisserait entrer à Strasbourg avec un parlementaire. M. le professeur Bœckel avait été retenu à Haguenau. Un des médecins allemands se chargea de lui faire parvenir la lettre de M. Doll.

«Il était dix heures quand nous allâmes nous coucher. Nous occupions une pièce que M. Beck avait cédée à M. Schultze, correspondant de la *Carlsruher Zeitung*, lequel était en tournée du côté de Saverne.

«M. Doll me raconte que, pendant qu'il était chez le général, on a apporté un magnifique poisson pris dans les étangs de M. de Bussierre à la Robertsau. M. de Bussierre a été arrêté comme espion et transporté à Rastatt; on ajoute qu'il était venu à Mundolsheim sous le couvert de l'Internationale et qu'il tâchait de s'en retourner à Strasbourg. Je crois ce dernier détail erroné. Ces nouvelles m'inquiètent un peu, et je prends la résolution de détruire les lettres que j'ai pour M. de Bussierre.

«Journée du 23 août (mardi). — J'ai passé une nuit très-agitée. Quand M. Beck vient frapper à la porte, je suis déjà levé. Personne ne vient me prendre. A sept heures, je sors avec M. Doll, emportant mes bagages. La voiture est attelée. Le cocher a retrouvé sa bonne humeur. M. Doll part avec la conviction que dans une heure je serai en ville.

«M. Beck m'accompagne chez le général de Werder ; il est logé chez un paysan nommé Bœrsch. Ce brave homme s'étonne que je veuille rentrer en ville et me conseille de rester plutôt à Mundolsheim. C'était la manière de voir de tous les paysans ; la veille au soir on m'avait déjà dit la même chose.

«Nous attendîmes plus d'une heure chez M. Bœrsch. Les officiers entraient et sortaient chez le général, qui était logé au premier étage. Enfin, le domestique, avec qui je m'étais entretenu longuement, me dit de monter. M. de Werder était à déjeûner, avec un adjudant, je suppose, qui nous laissa bientôt seuls. C'est un homme d'une soixantaine d'années, bourru, mais bienveillant. Son do-

mestique m'avait dit qu'il est souvent souffrant. Il me fit asseoir et commença par me
demander comment j'étais arrivé à Mundolsheim. Je lui racontai en détail ma mission.
Nous parlions allemand. Il commença par
déclarer que l'entrée des médicaments serait
contraire à tous les usages de la guerre. Cependant il se radoucit bientôt, et me dit qu'il
me laisserait passer. Un parlementaire français
était arrivé dans la nuit. On lui avait annoncé
mon arrivée ; il avait répondu que Strasbourg
était largement pourvu de médicaments, mais
qu'il rapporterait la chose à son général. Si
le général Uhrich déclarait qu'il manquait
de médicaments, on les lui délivrerait. Je
répondis que très-certainement M. Uhrich
ne réclamerait pas un inconnu ; quant aux
médicaments, je doutais qu'il consentît à
avouer la situation. M. de Werder en doutait
également ; cependant je ne pourrais pas entrer en ville sans être réclamé. Si je l'étais,
les Strasbourgeois seraient priés de fournir,
en retour de mes médicaments, de la glace
pour les blessés prussiens. La glace se trouvait dans une des caves de brasseur de Schiltigheim. Les caisses seraient conduites aux

avant-postes allemands et livrées quand la glace aurait été chargée. J'ai su depuis qu'à Strasbourg cette demande de glace avait été considérée comme une mauvaise plaisanterie, car les Allemands étaient maîtres de la cave en question et n'avaient qu'à la vider.

« Le parlementaire français avait demandé que les assiégeants laissassent sortir de la place vingt-mille femmes et enfants. Le général de Werder avait refusé, mais évidemment le refus lui avait coûté. Il fallait qu'il en fût encore bien préoccupé, car il m'en parla et m'expliqua sa décision... Voici ce que M. de Werder m'en dit : Le général Uhrich avait eu largement le temps de faire sortir tout le monde, pourquoi n'avait-il pas pris ses mesures à temps ? (J'ai appris plus tard que Rastatt avait été entièrement évacué dès le lendemain de la déclaration de guerre et que les habitants n'avaient pu y rentrer que lorsque tout danger pour cette contrée fut passé.) En outre, ces femmes et ces enfants, qu'on devait supposer être principalement des pauvres, se trouveraient à la charge des Allemands. Les villages autour de Strasbourg étaient trop encombrés de troupes pour les recevoir. A ces deux raisons que m'indiqua le général et dont on ne peut méconnaître la justesse relative, je crois qu'il faut en ajouter une troisième, dont M. de Werder ne parla pas. C'est qu'alors on avait encore l'espoir d'enlever Strasbourg en terrifiant la population et qu'à cet effet la présence des femmes et des enfants pouvait être utile. Je suis convaincu que la facilité avec laquelle le général accorda plus tard des sauf-conduits, était due en bonne partie au désir de réparer le premier refus.

« Je demandai pourquoi les Allemands tenaient tant à s'emparer de notre ville. S'ils remportaient encore une victoire à Paris, les portes de Strasbourg ne tarderaient pas à s'ouvrir. Tant que nous n'aurons pas Strasbourg, me répondit le général, on nous objectera que nous ne possédons pas l'Alsace; quand nous serons maîtres de la ville, nous n'en sortirons plus.

« Je racontai au général ce qui s'était passé dans le pensionnat de la rue de l'Arc-en-ciel, pour lui faire comprendre le mal qu'il ferait à des innocents. Il en parut affecté, mais déclara qu'il avait l'ordre de prendre Strasbourg et qu'il le prendrait, quand il devrait le réduire en un monceau de ruines... Il parla de l'énergie du général Uhrich ; je croyais que le commandement avait été remis à M. de Barral, mais je me trompais. M. de Werder me dit qu'Uhrich était toujours seul en relations avec lui, mais il avait connaissance du fait qu'un général était entré, déguisé en paysan. Seulement il ignorait son nom. Je l'avais prononcé sans qu'il me l'eût demandé ; il en prit note. J'en fus effrayé, craignant lui avoir fourni un renseignement qui pourrait nuire à la ville, et je lui exprimai cette crainte. M. de Werder se mit à rire. Il ne pouvait lui servir de rien, dit-il, de connaître ce nom ; ce n'était qu'une satisfaction personnelle pour lui de savoir comment s'appelait cet homme hardi. Pourtant je me tins à partir de ce moment sur une entière réserve.

«M. de Werder ne m'adressa pas d'autres questions ; il me recommanda de me tenir prêt chez le pasteur. En m'en allant, je demandai s'il me serait permis d'emporter en ville les lettres particulières dont j'étais chargé. «Que me font vos lettres ?» dit le général ; puis, se ravisant, il m'ordonna de les remettre à son adjudant pour qu'elles fussent lues. «*Sie sind zwar Prediger*, ajouta-t-il, *aber doch Franzose* [1].» L'adjudant compta les lettres, il y en avait trente-trois.

«Après avoir pris congé de M. de Werder, je rendis compte à M. Beck du résultat de mon audience. Très-certainement, si ce malencontreux parlementaire n'était pas arrivé dans la nuit, j'aurais été expédié le matin sur Strasbourg.

«Rentrés au presbytère, nous nous y reposons quelque temps, puis M. Beck me propose de me conduire au haut de la colline. A peine y étions-nous arrivés qu'on nous rappelle. Un soldat me demandait et voulait me voir moi-même. Je me croyais déjà en ville, mais ce n'était qu'une ordonnance du général qui rapportait mes lettres. Elles avaient été mises dans une enveloppe qui portait: *Diese Briefe sind gelesen und dürfen nach Strassburg mitgenommen werden* [2].

«Après le dîner, le général me fait deman-

1. «Sans doute, vous êtes ecclésiastique, mais vous êtes pourtant Français.»

2. «Ces lettres ont été lues et peuvent être emportées à Strasbourg.»

der. Je le trouve dans la rue devant le bureau de l'état-major. Il me dit, en souriant d'un air narquois, que le général Uhrich a fait demander les médicaments et qu'il laissera prendre la glace; que par conséquent il n'était pas aussi bien pourvu que le parlementaire avait bien voulu le dire. Je remonte au presbytère en courant et en sautant de joie. Le général m'avait dit d'attendre ses ordres.

«Je ne me rappelle plus combien de fois ces ordres changèrent dans l'espace de deux ou trois heures. Le général n'avait pas dit expressément que je partirais avec les caisses, mais pour moi cela s'entendait. Un officier me dit d'aller chercher mes caisses. M. Beck vient avec moi; en route, nous rencontrons un autre officier, le fils du général de La Roche, qui commande à Oberschæffolsheim. Il nous dit que les caisses entreraient d'abord et que moi je ne suivrais que lorsque les voitures chargées de glace seraient de retour. Il nous prie de ne pas le faire attendre. Nous avons quelque peine à découvrir une voiture, et nous ne l'obtenons que parce que le paysan qui la fournit espère profiter de l'occasion d'une manière quelconque pour faire sortir ou du moins pour prévenir ses enfants. Cet espoir fut déçu de la belle façon.

«Nous allons charger les caisses chez les médecins. Ils prétendent qu'il leur faut un ordre spécial pour les délivrer. Je ne me rappelle plus de quelle manière ils s'assurèrent que j'avais réellement reçu des ordres. L'un d'eux alla sans doute chez M. de Lepel, car celui-ci parut aussitôt. Il dit que je partirais avec les caisses ; il était brusque et impatient.

«Enfin, la voiture se trouve devant le bureau de l'état-major : c'est un soldat, un Badois de l'état-major, qui conduira. On lui remet un billet pour les avant-postes, où l'on me donnera sans doute un parlementaire. Je ne sais plus qui objecte à M. de Lepel que je ne dois pas partir, il s'impatiente et maintient son ordre. Le soldat voulait emporter son fusil, il fut obligé de le laisser. J'embrassai M. Beck et son fils qui étaient réellement émus et je montai sur la banquette à côté du soldat après avoir remis dix francs au propriétaire de la voiture. Nous partons au trot, très-secoués. Nous passons sous le pont du chemin de fer ; cette fois je suis bien sûr d'entrer et je jubile intérieurement. Tout-à-coup nous entendons derrière nous le galop d'un cheval et une voix qui crie : halte ! C'était une ordonnance du général, qui m'ordonne de descendre, la voiture seule devant poursuivre sa route. Je rentre à Mundolsheim, à côté du dragon, escorté comme un véritable prisonnier cette fois, triste et commençant à me demander si je réussirais à rentrer en ville. À l'entrée du village, M. de La Roche m'accoste d'un ton très-vif : il m'a ordonné de ne pas partir ; comment ai-je pu me permettre de désobéir ? «*Führen sie den Herrn in sein Quartier zurück*[1].» Le dragon badois (il y en avait une dizaine qui servaient d'ordonnances à M. de Werder) me ramène jusqu'à la porte du presbytère. Mad. Beck est bien surprise en me voyant reparaître. Une demi-heure après, M. Beck rentre accompagné de l'aumônier d'une division poméranienne. C'est un homme raide, emprisonné jusqu'au cou dans une redingote noire, qui lui descend sur les chevilles. Il porte les médailles de la campagne de 1866 et du Danemark. C'est un homme aux mœurs primitives ou du moins tout à fait militaires. En entrant dans la mai-

1. «Reconduisez monsieur à son logis !»

son, il garde à la bouche sa grande pipe en porcelaine...

«Je compte combien il faudra de temps à la voiture qui emporte mes caisses, pour les conduire et revenir ; peut-être partirai-je tout de même encore ce soir. M. Beck, qui a été stupéfait en me retrouvant au presbytère, ne détruit pas mes folles espérances. Quand M. Théodore revient, nous allons demander des nouvelles de la voiture. Elle n'est pas revenue. Elle ne revient qu'à onze heures du soir, sans glace. Il paraît qu'on en a chargé d'autres véhicules.

«L'aumônier reste à souper. Il avait servi comme artilleur dans la campagne du Schleswig, comme aumônier dans celle de Bohême. Sa conversation sentait plutôt l'artilleur que l'ecclésiastique. Ce soir-là, il m'agaça extrêmement. Il dit des choses qui pouvaient être vraies en partie, sur la corruption morale de la France, sur les avantages de l'organisation militaire de la Prusse, mais il fallait être peu délicat pour entamer de pareils sujets devant des Français. J'essayai plusieurs fois de l'en détourner. Impossible de lui parler de ses études ; il n'en a guère faites. Cependant il y a quelques détails intéressants à recueillir dans sa conversation. Il est pasteur dans les environs de Colberg et il est arrivé à Mundolsheim avec sa division sans s'arrêter une seule fois. Quand on arrivait à un pont coupé, les soldats sortaient du train ; le temps de fumer une pipe et le pont était rétabli provisoirement et l'on allait plus loin.

« De temps en temps, M. G... prêtait l'oreille ; il s'attendait à entendre le canon de la place, et ne comprenait pas qu'on ne dérangeât pas les travailleurs allemands. Puis il jubilait : *Er læsst sich einbauen*[1] ! Et il nous expliquait la manière d'investir une ville, de construire les trois parallèles, de faire avancer les tranchées, de donner l'assaut, puis la différence entre les obus et les bombes, leur construction, sans nous faire grâce d'un seul détail. C'était féroce et révoltant ; je finis par me taire et tâcher de ne plus entendre. Pourtant cet homme était orthodoxe jusqu'au bout des doigts ; il me demanda de quelle confession j'étais. Je lui répondis que j'étais luthérien. *Ach ! das freut mich,* me répondit-il,

1. « Il se laisse investir ! »

da sind wir ja gan\ Brüder, ich glaubte Sie wæren unirt [1]. Il finit par prendre congé ; je lui dis que je pensais ne plus le revoir, puisque j'espérais bien entrer en ville le lendemain...

«Journées du mercredi 24 août au vendredi 2 septembre. — Je ne me rappelle plus qu'imparfaitement la succession des faits qui se sont passés pendant ces journées, qui s'écoulèrent tristes et monotones.

«Mercredi matin, 24 août, j'allai au bureau de l'état-major. J'y trouvai MM. de Lepel et de Lescinski. Ils me dirent que je n'entrerais pas en ville. J'objectai la promesse du général. On me répondit que M. de Werder, dans son amabilité extrême, n'avait pas osé me donner un refus, que la situation militaire était changée et que je n'entrerais à aucune condition, qu'on ne me laisserait même plus parler au général. M. de Lepel me conseilla d'aller à Haguenau ; M. de Lescinski déclara qu'on n'y avait besoin de personne et dit que j'aurais mieux fait de m'en retourner avec M. Doll. Je revins tristement au presbytère.

---

1. «Ah, cela me réjouit ; nous sommes donc tout-à-fait frères. Je croyais que vous apparteniez à l'Eglise Unie.»

«Après le dîner, M. Beck m'accompagna chez le général Schulz, qui logeait chez lui. Je lui exposai ma situation et le priai de faire une démarche en ma faveur. Il me dit que très-probablement on craignait que je n'apportasse des nouvelles ou des ordres de Paris. — «Qu'on me fouille,» dis-je. — «Mais vous pouvez avoir des ordres verbaux!» — «En ce cas, répondis-je, je n'aurais pas pris le couvert de la *Société de secours.*» J'ai déjà dit comment le général et son adjudant accueillirent le récit de ma sortie de Strasbourg. Cependant le général promit de parler de moi à M. de Werder; mais le soir, il annonça à M. Beck que j'avais bien peu d'espoir de rentrer en ville. Il quitta lui-même Mundolsheim un ou deux jours après.

«Le lendemain ou le surlendemain, je rencontrai sur la colline le grand-duc de Bade et son escorte. Deux ou trois de ces messieurs en grand uniforme s'arrêtèrent près de moi. Il pleuvait; j'offris mon parapluie à l'un d'eux qui avait l'air aimable et je lui racontai mon histoire, espérant que ce serait peut-être le frère du grand-duc; je lui dis en particulier combien je souffrais de voir bombarder mes amis. Il ne répondit rien. C'était le baron de Sternberg, conseiller de légation, secrétaire intime du grand-duc, logé chez M. le pasteur Heinrich, de Lampertheim. Il parla de moi à M. Heinrich, en décrivant ma physionomie, de sorte que ce digne pasteur était déjà instruit de ma présence quand je me présentai chez lui avec M. Beck. Il me conduisit auprès de M. de Sternberg et garantit mon honnêteté. Le baron répondit que s'il me recommandait au grand-duc, il prendrait en quelque sorte la responsabilité de ma rentrée en ville, que c'était chose grave et qu'il y réfléchirait. Je me recommandai de M. le professeur Schenkel de Heidelberg ; il me demanda si je connaissais aussi MM. Schellenberg et Nippold. Finalement il m'invita à revenir le voir. C'est un homme au parler doux, à l'apparence timide, mais qui semble très-fin. Je ne l'ai plus revu depuis.

«Après cette dernière tentative, j'avais complétement perdu courage. Je persistai cependant à rester à Mundolsheim, espérant toujours ou bien que la ville se rendrait ou bien que je finirais par trouver une occasion quelconque d'y rentrer.

«Quelquefois je me disais que je pourrais aller à Muhlbach, car j'étais très-inquiet au sujet de la santé de ma mère, et j'aurais certainement obtenu l'autorisation nécessaire; on eût été trop content de se débarrasser de moi! Mais je ne pus jamais me résoudre.

«Mercredi soir, 24 août, le bombardement commença. Pendant trois jours et trois nuits, on tira au hasard sur toute la ville, dans l'espoir d'effrayer la population et de forcer ainsi le général à se rendre. J'allais deux, trois fois par jour sur la colline où je passais des heures entières; je pouvais discerner à l'œil nu si les incendies étaient au faubourg National, au faubourg de Saverne ou à celui de Pierres. Avec une lorgnette, on distinguait presque les maisons et l'on voyait les soldats sur les remparts. Je comptai une fois dans la soirée huit immenses incendies à la fois. Les bombes ardentes volaient vers les endroits en feu; les obus éclataient en l'air; depuis Kehl jusqu'à Kœnigshoffen, les batteries tiraient sans discontinuer et la ville était comme entourée d'une ceinture de fer et de feu. C'était un spectacle magnifique, horrible et navrant. Nous voyions les éclairs, nous entendions les détonations, nous apercevions la fumée qui montait lentement dans l'air. A chaque instant c'était un nouvel incendie ; d'abord s'élevait une fumée noire, épaisse, puis la flamme montait ; à la fin il ne restait plus qu'une mince fumée blanchâtre. La ville tira autant et plus dans les premiers jours, mais on démonta successivement un certain nombre de ses pièces... J'ai compté une fois quatorze coups tirés tant de la ville que du dehors pendant une minute ; cela fait près de mille coups par heure, et il y eut des moments où l'on tirait beaucoup plus.

«Les Allemands étaient convaincus, au commencement, que la ville allait se rendre. Nos fortifications sont bien différentes de celles qu'on construit de nos jours et qui sont tellement distantes des villes que les habitants ne sont nullement exposés. Il leur paraissait impossible que quatre-vingt mille âmes supportassent un bombardement sérieux. Moi-même j'ai d'abord partagé cet avis et j'ai été surpris et saisi d'admiration en voyant la résignation, le courage, l'esprit pratique dont les Strasbourgeois ont fait preuve pendant ces terribles semaines. Si l'on se plaçait à ce point de vue, la résistance du général Uhrich ne pouvait avoir d'autre effet que de prolonger pendant deux ou trois jours les souffrances des habitants et de sacrifier inutilement un certain nombre de vies; c'était une barbarie. Aussi je fus très-irrité de voir qu'il n'ouvrait pas immédiatement les portes; c'était le sentiment général là-dehors.

«Plus tard, quand je vis que Strasbourg pouvait résister et résistait malgré sa faible garnison et bien qu'il n'y eut pas d'ouvrages avancés, je changeai complétement d'opinion et je compris que le général Uhrich faisait son devoir. Il retenait en Alsace bien près de cent mille hommes (il y en avait soixante-cinq mille devant la ville, mais il fallait garder les routes) et il soulageait d'autant les Parisiens. D'ailleurs, la chute de Strasbourg eût produit un effet moral immense, sans compter qu'elle eût très-probablement entraîné celle de Schlestadt, de Phalsbourg et peut-être de Metz. Les Allemands changèrent également de manière de voir; ils admirèrent Uhrich: *Das muss ein tüchtiger Kriegsmann sein*[1], disaient souvent les officiers, et ils déclaraient qu'à sa place ils en feraient autant.

1. «Ce doit être un brave homme de guerre.»

«Sur la colline, plantée de vignes, qui relie Mundolsheim à Niederhausbergen et où les Prussiens ont fini par construire un observatoire, il y avait presque toujours des officiers, toujours des soldats. A l'extrémité de la colline était une maisonnette destinée à servir d'abri aux gardiens des vignobles ; un peu plus près de Mundolsheim se trouvait une avance où dès le second jour fut placé un banc. De ces deux endroits on dominait la ville entière. Que de tristes moments j'ai passés, assis sur le seuil de la maison de garde ! Là on coudoyait les soldats, surtout au moment des plus grands incendies. Le soir, ils y venaient en troupes, on pouvait surprendre leurs sentiments. Je ne me rappelle pas une seule parole blessante ou dure à l'endroit de Strasbourg, mais une quantité d'exclamations de pitié touchantes de la part d'ennemis : Comme ces pauvres gens doivent souffrir ! etc. Un de ces soldats me dit un jour que Strasbourg devait être bien beau, vu qu'il avait souvent chanté : *O Strassburg, du wunderschœne Stadt* [1] ! et il ajouta des

---

1. «O Strasbourg, ville admirable !» vieille chanson populaire allemande.

expressions de regret sur le sort de la pauvre ville. Je suis convaincu que c'était là le sentiment général de l'armée assiégeante; il va sans dire qu'il devait y avoir des exceptions, mais je n'en ai jamais vues. Les officiers parlaient au point de vue du devoir, et non avec ce fatalisme du simple soldat ou du paysan qui se résigne à tout ce que le moment présent lui apporte. Ils discutaient les causes qui rendaient la situation de Strasbourg inévitable, mais tout en travaillant à le détruire, ils le plaignaient. Une nuit même, la seconde, si je ne me trompe, du bombardement général, les commandants des batteries demandèrent, à ce qu'on m'assura, la permission de cesser le feu; ils ne pouvaient plus voir ce cruel spectacle...

«Les aumôniers étaient nombreux. J'en ai vu trois : G..., Lindenmayer et Emile Frommel. On faisait des services aux différents régiments ou aux différents détachements. Pour cela, l'aumônier se portait d'un endroit à l'autre, il faisait trois à quatre services par semaine, soit en plein air, soit dans une église. Chaque soldat était muni d'un Nouveau Testament et d'un petit recueil de prières et de cantiques ; ces deux livres ont été, je crois, fournis par la reine de Prusse. Friedrich, le domestique du général de Decker, les lisait souvent.

«La circulation dans les villages occupés fut très-difficile dans les premiers temps, les paysans avaient besoin d'une permission spéciale pour aller travailler aux champs. Plus tard, il n'en fallut plus que pour aller d'un village à l'autre. Le maire la délivrait, et le bureau ou le commandant du poste y mettait un timbre ou une signature. Quelquefois le bureau délivrait directement un laisser-passer. A Mundolsheim, M. de Lepel en était chargé. J'ai eu des sauf-conduits pour aller à Lampertheim, pour Hurtigheim, pour Haguenau, et pour rentrer en ville.

«A l'entrée et à la sortie de chaque village se trouvaient des sentinelles qui demandaient les laisser-passer. Plus tard, on circula librement entre Mundolsheim et Lampertheim, distants d'environ cinq minutes. En allant à Hurtigheim, je ne montrai mon laisser-passer qu'à la sortie de Lampertheim, encore aurais-je pu prendre un chemin des champs qui n'était pas gardé.

«A Mundolsheim il y avait une presse autographique, installée chez M. Dietsch, le père de mon élève. Elle multipliait les ordres, les plans, les cartes, etc.

«Il y avait dans ce petit village une centaine d'officiers supérieurs. Le village est assez riche pour que chacun pût être convenablement logé. Le pasteur Beck n'avait qu'un général, d'abord M. Schulz, puis M. de Decker et son domestique. Jamais on n'a visité le presbytère pour voir s'il n'y restait pas encore de la place; on en manquait pourtant et l'on eût pu sans trop d'injustice m'expulser de ma chambre.

«Vendredi, le 26 août, c'était le trente-unième anniversaire de ma naissance. Je ne pense pas que j'aie jamais passé ma fête aussi tristement. Ce jour-là, M. Eugène Bœckel vint à Mundolsheim, croyant, d'après la lettre de M. Doll, qu'on le laisserait entrer en ville. J'eus immédiatement l'idée de me joindre à lui, mais je ne pus le trouver. On lui avait répondu par un refus formel et il était reparti sans s'arrêter.

«Dimanche, 28 août, je prêchai à Mundolsheim sur la parabole du péager et du pharisien. M. Beck m'avait offert la chaire, je sentais que je lui rendrais service en le remplaçant. Cependant je n'étais guère disposé à prêcher.

«Une visite bien agréable fut celle du pasteur Riff, de la Robertsau. Il accompagnait son beau-frère, M. Eugène Bœckel, qui venait essayer encore une fois d'entrer en ville. Il y avait envoyé un sauf-conduit pour sa femme, mais elle n'était pas sortie et il se trouvait dans des inquiétudes mortelles. Nous allâmes tous les trois chez le prince de Hohenlohe. Celui-ci nous promit de voir M. de Werder. Il me dit que le général lui parlait de moi tous les jours et regrettait de ne pas pouvoir me laisser rentrer en ville.

«Riff s'en retourna à la Robertsau, sans sauf-conduit, comme il était venu. M. Bœckel resta jusqu'au lendemain pour attendre le résultat de sa démarche.

«Il trouva à se loger pour la nuit chez un paysan, dont il avait autrefois soigné la femme dans une grave maladie. Le soir, avant de venir souper chez M. Beck et pendant que j'étais à la maison d'école pour y lire les journaux, il revit le prince. Celui-ci

lui déclara qu'il pourrait nous obtenir la permission de traverser, à nos risques et périls,
les avant-postes prussiens. Seulement, n'ayant
pas de parlementaire, il serait douteux qu'on
nous ouvrît les portes de la ville. Nous étions
peu disposés à accepter une pareille offre,
bien que le jeune Beck déclarât que nous
n'aurions absolument rien à risquer.

«Le lendemain matin, mercredi 31 août,
nous retournâmes encore une fois chez le
prince. Il renouvela la proposition de la veille.
M. Bœckel demanda si nous pourrions entrer
du côté de la Robertsau, où le passage lui
paraissait possible. Le prince répondit que
non, et qu'il faudrait prendre le côté sud
(porte d'Austerlitz). C'était l'inconnu pour
nous, j'avais vu les barricades de Graffenstaden. Depuis lors, nous avons su que l'entrée par là eût été relativement facile ; mais à
cette époque nous étions convaincus que
toute la ville était également cernée et nous
finîmes par refuser.

«La veille, j'avais conduit M. Bœckel sur
la colline. Nous y étions restés assez longtemps ; il avait pleuré à chaudes larmes en
contemplant les incendies et la dévastation

de cette pauvre ville où se trouvaient sa femme et ses enfants. Il cherchait la rue des Juifs, et croyait la voir en flammes à chaque instant. Je pensais que M. Bœckel resterait quelques jours à Mundolsheim pour attendre une occasion meilleure, mais il aima mieux retourner à la Robertsau. Il avait passé une mauvaise nuit chez son paysan.

«Dans la matinée de mercredi, 31 août, Erichson [1] vint me voir. Je l'avais fait prévenir de ma présence à Mundolsheim, mais deux ou trois jours après, il avait lu dans l'*Industriel Alsacien* que j'étais rentré à Strasbourg avec M. Bœckel. M. Doll y avait fait cette insertion, étant parti de Mundolsheim avec la conviction que nous rentrerions tous deux en ville. De l'*Industriel*, sa notice passa dans l'*Impartial*, de sorte que mes amis de Strasbourg vinrent en grand nombre chez moi pour me voir. Le *Courrier* ne parla de moi qu'en passant, en rendant compte d'une séance de la commission municipale où Schnéegans avait dit quelques mots de ma

1. M. A. Erichson, alors pasteur à Hurtigheim, aujourd'hui directeur de l'Internat de Saint-Guillaume, à Strasbourg.

mission. A mon retour, il garda le silence.
En revanche, mon nom figura dans un grand
nombre de journaux allemands et anglais.
Mad. E... m'a raconté plus tard que la seule
nouvelle qu'elle ait eue de Strasbourg, pendant son séjour en Picardie, ce fut par un
article du *Times* où mon voyage était raconté.

«Erichson m'engagea à venir avec lui à
Hurtigheim, mais comme j'avais offert au
pasteur Beck de faire pour lui un enterrement le lendemain, je remis mon expédition
à Hurtigheim à vendredi. Le même jour
arriva M. Hasselmann fils, pasteur à Mouter-
house, qui voulait faire sortir sa famille de
Strasbourg. Le nombre de ceux qui arrivaient
chez M. Beck avec des demandes de ce genre
augmentait journellement ; c'était une vraie
procession de maires, de pasteurs et de particuliers. M. Beck s'impatientait parfois, surtout comme ces demandes de sauf-conduits
n'étaient pas toujours bien accueillies par
M. de Lepel ; cependant il finissait toujours par
les écrire. Vers la fin, il ne les porta plus lui-
même au bureau prussien, mais y envoya les
personnes intéressées. En effet, les demandes
isolées avaient plus de chance d'être agréées.

«Jeudi matin, 1er septembre, je fis un enterrement pour M. Beck. J'eus à parler au cimetière, selon l'habitude. Il faisait un temps splendide, mais à chaque instant retentissait une détonation du côté de la ville ; à l'église de même, je parlai au bruit lugubre du canon. C'était une bonne vieille mère que j'enterrais.

«Les Prussiens avaient mis partout des poteaux indicateurs, de sorte qu'ils circulaient sans jamais se tromper et sans plus avoir besoin de consulter leurs cartes. L'*Etappenstrasse* était marquée par des perches surmontées d'un bouquet de paille. Je commençais à connaître le village, et les habitants me connaissaient et me saluaient. Que de fois je me suis glissé le soir, le long du jardin de M. Beck, en suivant un rudiment de trottoir, jusqu'à la maison d'école, où je trouvais la *Gazette de Carlsruhe* et plus tard la *Gazette de Cologne* et quelques autres journaux. Des officiers allemands, logés chez l'instituteur, y étaient abonnés et les mettaient à notre disposition. M. Schulze, le correspondant de la *Gazette de Carlsruhe*, se montrait très-complaisant envers nous. Il nous passait son journal, nous prêtait sa lorgnette pour aller sur la colline, mais en revanche, il tenait à savoir nos idées sur toutes choses, pour connaître l'état des esprits en Alsace. J'ai plusieurs fois retrouvé dans ses correspondances un écho de nos conversations.

«Que de fois aussi suis-je descendu dans le village par la rue large et boueuse, passant à côté de nombreux généraux et officiers et épiant (au commencement surtout) le général de Werder, espérant qu'il me ferait approcher et me laisserait rentrer en ville! J'étais convaincu que si je pouvais seulement lui parler, je serais sûr de mon affaire.

«Vendredi matin, 2 septembre, j'allai demander à M. de Lepel un sauf-conduit pour Hurtigheim; il me reçut très-convenablement, me fit asseoir et me parla de la situation. Il éprouvait évidemment le besoin de justifier les Allemands devant quelqu'un qui pourrait plus tard répandre cette justification. Ce n'étaient que récriminations contre Uhrich qui ne rendait pas la ville et exerçait une odieuse pression sur les habitants. Comme je croyais alors à cette pression, je trouvai les raisonnements de M. de Lepel assez concluants. Etant tourmenté de l'idée que Strasbourg pourrait se rendre avant mon retour de Hurtigheim, je lui en parlai. Il me dit qu'on ne pouvait pas prévoir exactement le jour de la reddition, et me renouvela la promesse que j'entrerais avant tous les autres civils.

«Vers onze heures, je partis enfin pour Hurtigheim. On ne me demanda mon laisser-passer qu'au sortir de Lampertheim. J'arrivai au village vers midi et demie...»

XVI.

Ici s'arrète malheureusement le récit dé-
taillé de notre ami. Les dernières lignes qu'on
vient de lire ont été rédigées le jour de Noël
1870. D'autres occupations, plus pressantes,
l'ont empêché, sans doute, de revenir à cette
relation du séjour de Mundolsheim. Nous
sommes donc réduits, pour un laps de temps
de près de trois semaines, à quelques notes
retrouvées dans ses papiers et aux renseignements oraux ou écrits qu'ont bien voulu nous
fournir quelques-uns des amis de Schillinger,
qui se trouvèrent auprès de lui du 2 au 18
septembre, date à laquelle reprend son journal
ordinaire, rédigé le soir ou le lendemain de
chaque journée.

Schillinger, arrivé au presbytère de Hurtigheim, dans la journée du dimanche 2 septembre, séjourna chez son ami M. Erichson,
jusqu'au 7 septembre suivant. Il y trouva un
milieu plus calme. Ici, plus de ces émotions
incessantes qui le bouleversaient à Mundolsheim ; par contre, quelques journaux, l'*Indé-
pendance Belge* surtout, qui parvenaient régulièrement à l'un des paroissiens de M. Erichson.
Dans une gloriette improvisée, à deux pas des
tombes du cimetière, il réussissait parfois à
oublier pour quelques heures la situation pénible dans laquelle il se trouvait, en lisant un
volume de la *Revue des Deux-Mondes* ou
même en jouant avec les enfants du pasteur.
Mais ce repos, si nécessaire à une organisation débile comme la sienne, ne devait pas
être de longue durée. Un soir que Schillinger
se promenait avec M. Erichson dans le village
d'Ittenheim, il fut accosté par une dame qui,
fuyant la ville assiégée, venait d'arriver et
qui, en guise de salutation, lui jeta ces mots :
«Eh bien, on vous blâme d'avoir quitté votre
troupeau !» Ces paroles furent comme un
coup de foudre pour notre ami. Se voir soupçonné de lâcheté pour prix de son dévoue-

ment, lui parut intolérable, et malgré les prières de son hôte, il retourna dès le lendemain à Mundolsheim, afin de ne plus manquer désormais une seule occasion de rentrer à Strasbourg. Alors recommença pour lui cette existence angoissante et désœuvrée qu'il a si bien décrite dans les pages précédentes, assistant chaque soir à l'incendie de sa ville d'adoption et chaque jour aux progrès de l'armée assiégeante, et se consumant en vaines prières pour que ce spectacle changeât.

C'est vers la fin de son séjour à Mundolsheim que Schillinger s'associa, pour sa part, à une démarche nouvelle qui fut faite en faveur des assiégés et qui n'eut pas de meilleur résultat que les tentatives précédentes. MM. les pasteurs Beck de Mundolsheim, Gerold de Vendenheim, Heinrich de Lampertheim et Horning de Pfuhlgriesheim s'étaient réunis pour rédiger une adresse au grand-duc de Bade, le suppliant d'intervenir en faveur des victimes innocentes qui succombaient journellement à Strasbourg. La minute de cette pièce, écrite de la main de notre ami, subsiste encore, surchargée de nombreuses ratures ; elle exprimait dans un langage modéré, mais d'autant plus éloquent, les sentiments qui remplissaient alors tous les cœurs généreux, à quelque nationalité qu'ils appartinssent. En voici la traduction :

«Altesse Royale,

«Depuis un mois l'armée allemande cerne Strasbourg. Une grande partie de cette ville autrefois si florissante est en ruines ; sa prospérité est détruite, ses établissements publics, ses collections scientifiques et littéraires, ses fondations charitables, monuments du passé, ont été anéantis par le feu des canons. La ville de nos pères a péri ; nous la cherchons et nous ne la trouvons plus !

«Mais des événements plus horribles ont eu lieu. Le sang des femmes, des enfants et des vieillards a coulé ; chaque jour nous voyons succomber d'innocentes victimes dans cette lutte terrible et l'on nous menace, comme punition d'une si longue résistance, de ne plus garder désormais les derniers ménagements qu'on observait encore contre des citoyens inoffensifs.

«Au milieu de si indicibles souffrances, le sentiment sacré du devoir nous pousse à élever notre voix comme serviteurs de l'Evangile, au nom de notre Dieu, qui est un Dieu de paix et de miséricorde; nous sentons notre faiblesse, mais nous sommes aussi pleins de confiance en Celui qui se montre puissant dans les faibles, et nous nous présentons devant Votre Altesse Royale, la suppliant de témoigner quelques ménagements aux habitants d'une ville si lourdement visitée par tous les fléaux de la guerre, et d'accorder la libre sortie des murs aux femmes, aux enfants, aux vieillards de Strasbourg !

«Puisse le Tout-Puissant, qui répand sa miséricorde sur tous les peuples, puisse-t-il ouvrir le cœur de Votre Altesse à nos paroles et la pousser à transmettre notre prière au commandant supérieur des armées alliées, et à l'appuyer auprès de S. M. le roi de Prusse !»

Le grand-duc de Bade habitait alors la ferme de M. Bauer à Lampertheim. Son secrétaire intime, M. de Sternberg, avait promis aux pasteurs de leur ménager une entrevue avec son souverain. Après une longue attente, on les introduisit devant le grand-duc, qui les reçut debout, en uniforme.

M. Gerold, le respectable pasteur de Vendenheim, avait été chargé, comme doyen d'âge,
de lire l'adresse. Mais le souvenir de tous les
dangers auxquels étaient exposés en ce moment ses enfants, ses petits-enfants et tant
d'amis qu'il avait à Strasbourg, avait ébranlé
les nerfs du vieillard, les larmes lui montèrent
au visage et son émotion l'empêcha presque
de parler.

Le grand-duc, qui connaissait d'ailleurs
l'objet de la démarche de ces messieurs, leur
répondit — ce qui était vrai, bien qu'on eût
quelque peine à le croire alors — qu'il ne
pouvait donner aucun ordre devant Strasbourg, qu'il transmettrait l'adresse au roi,
mais qu'il avait trop peu d'influence au quartier-général pour pouvoir promettre quoi
que ce fût. Il fut d'ailleurs d'une urbanité
parfaite avec ses interlocuteurs et leur adressa
la parole à tous. L'un d'eux lui ayant parlé
des malheureuses femmes et des nombreux
enfants qu'avaient déjà tués les obus, il lui
répondit ces propres paroles : *Es ist das
Kriegsrecht ; es kœnnte noch übler zugehen* [1].

1. «C'est la loi de la guerre ; les choses pourraient
se passer plus mal encore.»

Schillinger avait essayé d'obtenir l'intervention du grand-duc pour pouvoir rentrer à Strasbourg. Plus que jamais il souffrait de ne point être à son poste, et l'idée qu'on l'accusait peut-être de lâcheté parmi ses amis ou ses paroissiens lui causait une véritable torture morale. Bien qu'il eût, à deux reprises différentes, formulé sa prière, il n'avait pu obtenir de promesses à cet égard. Cependant sa requête ne fut peut-être pas tout-à-fait inutile; le lendemain, en effet, le grand-duc se rendait au quartier-général de M. de Werder, et il n'est pas impossible qu'il lui parla de l'entrevue de la veille. Schillinger lui-même n'a jamais su, en définitive, à quels motifs attribuer la fin de sa captivité dans le camp de Mundolsheim. On lui assura plus tard qu'il avait été question de sa personne au conseil de guerre et qu'on avait réellement songé à se servir de sa parole et de son influence supposée pour décourager ses concitoyens. Cela nous paraît au moins douteux. L'explication suivante nous semble plus vraisemblable. A la date à laquelle nous sommes arrivés, la Suisse, grâce à la pression morale exercée par l'opinion publique dans l'Europe entière, venait d'obtenir la permission d'envoyer des commissaires à Strasbourg pour en faire sortir les non-combattants. Des nouvelles authentiques sur les événements du dehors allaient donc parvenir aux assiégés. Cela étant, on jugea sans doute inutile de retenir plus longtemps un homme qui, d'une part, n'avait rien vu des travaux d'approche et ne pouvait y comprendre grand'-chose, et qui, d'autre part, en savait beaucoup moins que les nouveaux arrivants sur la situation générale de la France, puisqu'il venait d'être prisonnier pendant plusieurs semaines.

Quoi qu'il en soit, dans la soirée du lundi 12 septembre, M. de Lepel, chargé du service des passe-ports, s'adressa à M. Ph. H. Beck, alors professeur au Gymnase, qui depuis quelques jours séjournait à Mundolsheim, et lui dit : «Allez appeler votre ami ; qu'il vienne chez moi !» Schillinger était déjà couché, mais à la réception de ce message, qui faisait renaître l'espérance au fond de son cœur, il se hâta d'accourir chez l'adjudant. Il fut récompensé de sa promptitude, car M. de Lepel lui remit le sauf-conduit suivant :

Vorzeiger dieses, der Prediger Schil-
linger, angestellt in Strassburg, erhælt auf
Befehl des Corps-Commando's die Erlaub-
niss die deutschen Vorposten ungehindert zu
passiren und nach Strassburg zu gehen.

Mundolsheim, 12. 9. 70.   Von Lepel,
Rittmeister [1].

Ce fut une grande joie pour Schillinger et
qui montre bien la générosité de son caractère. D'autres auraient tout fait pour fuir
une ville vouée à une destruction presque
certaine, et l'un ou l'autre de ses collègues
n'avait point hésité à prendre ce parti dès
que cela lui fut devenu possible. Pour lui,
rentrer dans Strasbourg, y partager les dangers de ses amis, y venir en aide aux pauvres
et aux blessés, c'était le bonheur qu'il ambitionnait depuis des semaines et qu'il devait
enfin goûter.

---

1. «Le porteur des présentes, M. Schillinger, pasteur à Strasbourg, a reçu, par ordre du commandant
du corps, la permission de passer librement les
avant-postes allemands et de rentrer à Strasbourg.
de Lepel,
chef d'escadron.»

Ce fut dans la matinée du mardi, 13 septembre, que Schillinger traversa les avant-postes français. Il se présenta tout d'abord chez le général Uhrich et lui rendit compte de son voyage et des incidents qui l'avaient retenu jusqu'alors loin de Strasbourg. Puis il se hâta de faire avertir ses collègues et ses amis. Il était désireux de les revoir ; eux-mêmes, privés depuis si longtemps de ses nouvelles, apprirent avec une grande joie son retour. Je me rappellerai toujours le moment où, prévenu par la rumeur publique, j'accourus à la rue des Bouchers, pour embrasser notre cher voyageur. Déjà la satisfaction du devoir accompli, le bonheur de se revoir entouré de figures sympathiques et connues, avaient chassé de sa physionomie toute expression de fatigue physique et morale. Un pasteur de campagne de sa connaissance lui avait donné, au moment du départ, un formidable jambon, pour augmenter ses provisions de siége. Il l'avait apporté dans ses bras — que ne faisait-on pas alors avec un sans-gêne parfait ! — et l'exhibait avec orgueil à tous ceux qui venaient le voir. Mais au-dessous de ce gai badinage, on sentait vibrer et l'on partageait l'émotion profonde qui par moments soulevait, comme involontairement, sa poitrine. Bientôt ce fut lui seul qui parla, car nous n'avions à dérouler devant lui que le tableau monotone de nos souffrances quotidiennes. Nous écoutions dans un poignant silence ce qu'il nous racontait de son voyage, de cette France que nous ne pouvions plus entrevoir qu'à travers les projectiles ennemis, de l'étrange attitude de l'Europe que nous nous efforcions en vain de comprendre. Il était bien tard ce soir-là quand nous nous quittâmes pour aller dormir, comme d'habitude, à la stridente musique des obus.

XVII.

Nous ne pouvons combler la lacune que
présente ici le journal de Schillinger. Comme
nous ne songeons point à écrire une histoire
du siége de Strasbourg, il serait oiseux de
remplacer par une description plus générale
le récit manquant de ses impressions personnelles et de son activité particulière. D'ailleurs, ceux de nos lecteurs qui ont passé par
les calamités du siége, se rappelleront tous
combien un jour ressemblait alors à l'autre
et avec quelle monotonie désespérante s'écou-
lait le temps pour tous ceux qui ne savaient
point deviner les progrès continuels des assiégeants ou n'apprenaient point à les connaître.
Nous nous bornerons donc simplement à reprendre les notes de notre ami, à la date du

18 septembre, alors qu'il trouva les instants nécessaires pour les jeter sur le papier, et d'en extraire quelques-uns des passages les plus saillants.

« Journée du 18 septembre. — Hier matin est parti un convoi de personnes munies de laisser-passer prussiens. Je résolus de profiter du ralentissement du tir qui a toujours lieu pendant la sortie des émigrants pour aller à l'hôpital militaire prendre des nouvelles de M. X... Pendant que je me trouvais dans la cour, on amena trois blessés ou morts dans de petites voitures portant la croix rouge... Il pleuvote... Le départ était fixé à neuf heures, mais il y a du retard. Cette file de voitures et de piétons qui se morfondaient à attendre, était bien triste à voir. Je circule au milieu des voitures... Enfin, le parlementaire arrive et la porte s'ouvre. Un officier français vérifie les sauf-conduits à la sortie et note le nombre des partants. C'est le moment des derniers adieux ; c'est navrant. Quelle séparation, quand on n'est pas sûr de revoir ceux qu'on aime ; il n'y a personne qui ne pleure. Le défilé dure près de trois quarts d'heure.

«Mercredi, 21 septembre. — Je vais au Casino... Les nouvelles sont graves. Le préfet républicain Valentin, ancien lieutenant de chasseurs, ancien représentant du peuple, est arrivé en ville, du côté de Schiltigheim, traversant les fossés à la nage, sous les balles prussiennes et françaises. Il apporte des nouvelles de Paris, vieilles de dix jours, et l'ordre de résister. Il a déjeûné avec le Conseil de défense, et sa manière de voir a été adoptée... Dans certains quartiers la souffrance devient atroce. Les incendies sont continus, au faubourg de Pierres surtout; nous apprenons que la Préfecture est en feu. Hier ou avanthier, c'était le tour de l'arsenal. Les faubourgs sont affreusement bombardés, les boulets rouges pleuvent sur les maisons incendiées. Il y a trois jours, l'église Saint-Guillaume a pris feu, mais on a pu l'éteindre. Hier Saint-Thomas a reçu un obus. Au Casino, chacun apporte son contingent de nouvelles. La femme du capitaine Schneegans a accouché dans une cave du Gymnase, une pauvre femme dans un égoût; un sergent de ville a eu le cou coupé sur la place Gutenberg, un forgeron de la place d'Austerlitz a été tué sur le seuil de sa porte, etc. Sur la liste des victimes je lis le nom d'une jeune aide-institutrice de dix-sept ans.

« La résistance à outrance sera-t-elle bien longue ? On en douterait si les dispositions de la garnison sont telles qu'on l'a dit hier. M. S... prétend que la mobile a refusé d'aller aux postes avancés et sur les remparts. Le cousin de Rodolphe, qui est garde mobile, soutient au contraire que les dispositions de ce corps sont excellentes... Les soldats perdent chaque jour une cinquantaine d'hommes et quelques mètres de terrain, ils sont mal nourris, avec une soupe à l'eau sans sel, et des haricots que le feu ne ramollit plus ! Aucun espoir de secours ; on comprend qu'ils perdent courage...

« On devient tellement indifférent aux dégats matériels, que lorsque Rodolphe m'annonça l'incendie de la préfecture, je répondis : « Ah oui, on me l'a dit. »

« Journée du 21 septembre. — ...Les hôpitaux et les ambulances sont bourrés de malades ; il n'y a plus de place. La petite vérole fait des ravages effrayants... Faut-il se rendre ou non ? C'est le sujet de toutes les conversations.

«La défense de la place n'est pas impossible ; elle est utile aussi longtemps que du côté de Paris il reste une lueur d'espoir. Nous retenons ici presque un corps d'armée et l'effet moral de notre résistance est inappréciable...

«L'hôpital est rempli de monde ; il a reçu douze cent soixante-quinze blessés depuis le commencement du siége et quatre-vingts varioliques. On attribue la propagation de cette épidémie à l'air des caves. L'hôpital civil devrait avoir douze cents places, mais plusieurs bâtiments sont tellement endommagés par les projectiles qu'ils ne peuvent pas servir. A l'hôpital militaire, il y a place pour sept cents malades, on en a mis huit cents. L'hôpital civil évacue des malades sur l'école de Saint-Louis... Je rentre chez moi, j'écris mon journal et je finis par m'endormir sur ma chaise. C'est la neuvième nuit que je ne me déshabille pas... Les nuits deviennent froides, ce matin il y avait un très-fort brouillard... Il a de nouveau circulé en ville des bruits absurdes : les Parisiens ont évacué le fort de Vincennes, mais pour le faire sauter : 80,000 Prussiens ont péri. Garibaldi s'avance de Lyon sur Strasbourg avec 15,000 hommes. Le nouveau préfet qui a vu son hôtel incendié dès la première nuit («on m'a joliment allumé des lampions,» a-t-il dit), aurait annoncé aux conseillers de préfecture que l'Amérique allait appuyer de sa flotte ses instances en faveur de la France, et que 300,000 Italiens étaient en marche pour venir à notre secours !

«Journée du 22 septembre. — Le feu a été terrible cette nuit jusqu'à une heure ; canon et fusillade. On pense que la sortie s'est déployée entre la porte des Pêcheurs et celle des Juifs, mais on ne connaît pas encore le résultat... On tire toujours très-fort. Jamais le feu n'a été aussi vif le matin.

«Au Casino, M. C... vient annoncer que le nouveau préfet menace de confisquer pour la préfecture l'administration des restaurants populaires. D'autres contestent le fait. M. Valentin désire créer un journal, le *Républicain de l'Est,* mais il ne trouve pas d'imprimeur. Christophe a refusé ; les autres refuseront probablement aussi. Le fils du pasteur Helmstetter, étudiant en médecine, lieutenant de l'artillerie mobile, a été tué hier en pointant sa pièce. Un garde national a été tué en revenant de sa garde. C'est le premier garde national de la ligne qui succombe ; l'artillerie a déjà été bien éprouvée... Dans l'après-midi, j'entre à l'école Saint-Nicolas. Mlles L... sont établies dans la salle d'asile. Elles sont pleines de courage et de confiance en Dieu et m'ont dit que ce temps d'épreuve était bien béni pour elles. J'espère que beaucoup feront la même expérience et emporteront de ces journées un souvenir durable. Nous entendons siffler plusieurs projectiles. Dans le corridor sont établis des gens pauvres réfugiés... Je passe à l'Hôtel du Commerce, où je voudrais remettre à M. Küss l'argent recueilli par le *Progrès* pour les blessés, mais il est trop occupé pour s'en charger et me renvoie au *Courrier...*

« ...Au jardin botanique on fait des tranchées pour vingt-cinq à trente cercueils qu'on place en long et en travers. Les journaux annoncent surtout des conserves alimentaires et des cercueils à bon marché. Le préfet a fait publier aujourd'hui une dépêche disant que les Prussiens trouveront à Paris leur Moscou et que l'espérance renaît partout.

«Journée du 23 septembre. — ...La matinée est assez calme, mais la nuit l'a été fort peu. Je n'ai rien entendu cependant, aussi peu que la nuit précédente, qu'on dit avoir été la plus terrible depuis le commencement du siége. Cette nuit, des bombes ont éclaté jusque sur la place Kléber... Guibal[1] nous apporte la nouvelle feuille, le *Républicain de l'Est*. On la trouve assez faible, mais on est surtout étonné qu'elle soit si modérée; surprise agréable! C'est assurément une chose étrange qu'un journal qui se fonde dans une ville assiégée... La déclaration du préfet, que M. Küss restera maire, a produit un excellent effet. Küss jouit de l'estime et des sympathies universelles. Seulement le pauvre homme joue sa vie à ce fatigant métier.

«Journée du 24 septembre. — ...Après le dîner, promenade avec Rodolphe et Guibal. Nous parlons du devoir du pasteur d'accompagner les convois mortuaires, malgré le danger qu'il peut y avoir... Pendant que nous causons ainsi, survient Jost, le sacristain, et

1. M. G. Guibal, alors chargé de cours à la Faculté des lettres de Strasbourg, actuellement professeur à la Faculté de Poitiers.

m'annonce la mort d'Emile Verenet. C'est moi qui l'enterrerai. Jamais devoir ne m'a été plus pénible, jamais je n'ai vu de deuil plus affreux. Ce pauvre enfant n'avait pas vingt-un ans ; il était doux et timide comme une jeune fille ; il venait de passer son examen de licencié en droit. Enfant unique, idole de ses parents qui ne vivaient que pour lui ! Il est tombé sur le rempart, frappé de quatre ou cinq balles, ce matin à six heures. C'est aussi la première fois que je suis appelé à aller au Jardin Botanique.

«A cinq heures, je vais prendre la liturgie à Saint-Nicolas. Des familles incendiées viennent de s'établir dans la sacristie... Le faubourg de Pierres brûle toujours. Gerold m'indique le chiffre de nos pertes au 21 septembre : deux cents morts civils, dix-sept cents blessés, quatre cent cinquante trois maisons ou dépendances incendiées, plus de sept mille personnes sans abri, logées chez les connaissances ou dans des édifices publics. C'est Schneegans qui lui a donné ces chiffres.

«Nous avons en ville six mille chevaux et deux mille mulets. On tue quarante-cinq chevaux par jour. Le cheval coûte jusqu'à deux francs la livre ; qualité inférieure, vingt-quatre sous ; la vache, trois francs.

«Journée du 25 septembre. — Enterrement Verenet ; douleur navrante des parents. Arrivé au Jardin Botanique, je vois à droite une immense tranchée ; c'est là qu'on place les cercueils par trois rangées superposées. Il en tient environ cent vingt dans chaque tranchée ; la troisième se remplît en ce moment. Un peu en avant sont les tombes particulières, où l'on dépose ceux qui seront déterrés plus tard. Il faut les placer dans un cercueil de zinc. Trois de ces tombes sont prêtes. Le cercueil d'Emile Verenet descendu, j'y jette une pelletée de terre, en prononçant une simple parole de bénédiction, le père y jette également un peu de terre, puis je l'emmène avec M. Lemp.

«Après souper, je retourne au Casino. On tire sur l'Hôtel du Commerce ; des obus sont arrivés à l'hôpital, dans la cathédrale ; des éclats de bombe jusque chez M. Lichtenberger...

«Journée du 26 septembre. — ...L'eau dans les fossés commence à baisser ; le temps est trop constamment beau. Il paraît que la nuit dernière il y a encore eu une tentative d'assaut. On me dit que la fusillade a été très-vive après deux heures, entre la porte de Pierres et celle des Pêcheurs. Des balles sont venues tomber dans notre rue. Pour moi, je n'ai absolument rien entendu, et je commence à avoir honte de mon profond sommeil... M. Maurice Royer, le capitaine d'Emile Verenet, qui était venu me voir samedi soir, a été tué ce matin. Au Casino, je trouve M. B..., qui parle de grandes pertes que les Prussiens auraient éprouvé dans la nuit. Ils auraient enlevé les morts par charretées... Une portion de haricots verts se paie trente sous. Mad. L... a acheté, à deux sous, des pieds de salade, rapportés par des soldats. On ramasse le plomb et le fer dans les rues; c'est une véritable industrie. Le plomb se paie deux sous la livre, le fer, trois francs cinquante le quintal. Il y a des marchands qui en ont de véritables approvisionnements. Mais le métier est dangereux, beaucoup s'y font tuer... Guibal a failli être victime d'une industrie de nouveau genre. Un homme lui apporte un billet de garde et lui offre de le remplacer moyennant finance; le billet était supposé.

«Journée du 27 septembre. — Le temps est un peu froid, mais toujours beau. Il nous faudrait la pluie pour faire remonter l'eau dans les fossés. La nuit a été calme ; il n'y a pas eu d'attaque. J'écris mon journal jusqu'à midi. Un militaire m'apporte un billet de M. Kablé, qui me demande si l'on peut disposer de Saint-Nicolas pour évacuer des malades de l'Hôpital. Deux fois j'entends des obus passer en sifflant sur notre maison. Le second va s'enfoncer dans la maison à côté. On tire sans doute du Wacken sur le petit polygone, où nous avons une batterie ; c'est pourquoi l'Hôpital a reçu tant de projectiles dans les derniers jours. La batterie du petit polygone balaie la route de demi-heure en demi-heure, pour le cas où les Prussiens tenteraient une attaque de ce côté...

«[Ecrit le soir.] ...Quelle tristesse ! la ville est rendue. La bombe tombée chez M. Bergmann était une des dernières. C'est donc juste quinze jours de bombardement que j'ai subi. Au Casino, nous étions à causer, quand M. Léon Carrière et une dame de la maison s'écrient au dehors que la ville s'est rendue, qu'on voit un drapeau blanc sur la cathédrale...

«Le tir a cessé ; il est environ cinq heures et demie. On est tout étonné de pouvoir marcher au milieu de la rue, lentement, en sécurité, de ne plus se glisser craintivement le long des maisons. Beaucoup de gens se figurent qu'il ne s'agit que d'un armistice. Le parlementaire, en revenant, a été arrêté dans la rue ; on lui aurait arraché son drapeau et fait un mauvais parti, s'il n'avait eu la présence d'esprit de répondre qu'il ne s'agissait que d'un armistice de quelques heures. On le laissa aller, en criant : Vive la République !

«Les rues sont remplies de monde ; en général, on paraît mécontent, les femmes surtout. Un détachement de la garde mobile chante la *Marseillaise* devant le magasin de M. Zopff et pousse des cris de désapprobation et de rage. Plus loin, une voiture de blessés, les dernières victimes sans doute... Nous allons au faubourg de Pierres. C'est une mer de ruines. Rien de plus affreux à voir ; il me semble que la rue a une lieue de long. Nous passons par dessus ces débris qui fument encore sur plusieurs points et nous grimpons au rempart. Il fait déjà sombre ; tout à l'heure on entendait les cris des Prussiens et on les voyait. Ils ont fait deux brèches de quarante mètres ; cette nuit ou demain nous étions pris. Jules Oster a vu un soldat désespéré se suicider près des Arcades. La foule a crié : Mort à Küss !...

« [Ecrit dans la nuit.] ...Nous ressortons. On a battu le rappel de la garde nationale ; elle est sous les armes. On craint des troubles pendant la nuit, cependant les rues sont calmes. Je monte chez les Bruch, pensant avoir des nouvelles. M. Bruch m'accueille en me disant : Nous sommes Français pour la dernière fois! Alors enfin j'éclate en sanglots. Je me jette sur un canapé et cache ma figure. Quelle chose cruelle de perdre la patrie, quel affreux déchirement! Mais la situation était devenue intolérable. La nuit dernière, il y a eu une quantité effroyable de victimes... On lançait des bombes de plus de deux cents livres qui enfonçaient tous les étages et les caves mêmes...

« Journée du 28 septembre. — Vers minuit, je me couche ; pour la première fois depuis quinze jours je me déshabille, mais je n'ai jamais aussi mal dormi... A neuf heures et demie, je n'y tiens plus et vais au dehors.

«Près du pont du Corbeau est affichée une touchante proclamation d'Uhrich aux habitants de la ville. Sur le pont, une quantité de soldats, de gardes mobiles et de gardes nationaux viennent briser leurs fusils et jeter les débris à l'eau. J'éclate en larmes à ce spectacle.

...Je rencontre Riff de la Robertsau, qui est entré, en même temps que les Allemands, par la porte des Pêcheurs. Il me dit qu'aujourd'hui on aurait bombardé la ville à outrance et que dans la nuit sans doute on aurait livré l'assaut... Par la place Gutenberg arrive un détachement de chasseurs, clairons en tête ; je les suis sur la place Kléber où ils se massent. En route, les soldats brisent leurs fusils et jettent leurs sabres, on ne voit que des gens qui se promènent avec des baguettes de fusil, les gamins sont chargés d'armes. Cela dura toute la journée. Le soir, on voyait certaines rues encore jonchées d'armes. Beaucoup de soldats gardaient en main un canon de fusil plus ou moins tordu ou un reste de crosse. Sur la place d'Armes, je rencontre M. Zopff, très-ému lui aussi, et je lui dis que jamais de ma vie je n'ai ressenti pareil deuil et que la perte de mon père et de ma mère ne me briserait pas le cœur à ce point. Il m'emmène vers le faubourg de Pierres. Nous montons sur le rempart ; nos canons sont encloués, les ouvrages sont affreusement dévastés ; hors la ville on voit partout des Prussiens en position. Nous suivons le rempart jusqu'à la porte Nationale, le nombre des curieux est considérable. La porte Nationale est occupée depuis huit heures par des soldats badois ; une centaine d'hommes sont rangés des deux côtés de la rue. A onze heures, le défilé doit commencer. M. Zopff me quitte ; il va à la rencontre de MM. Küss et Bœrsch, qui sont allés trouver le général de Werder pour s'entendre avec lui sur les destinées de la population civile. Nous avons obtenu des conditions favorables. La ville est exempte de toute contribution de guerre, la propriété et les habitants seront respectés, la garnison sortira avec les honneurs de la guerre, les officiers garderont leurs armes et seront libres sur parole...

«Aucun de nos soldats, sauf les douaniers et les gendarmes, n'a son armement complet. C'est navrant de les voir partir, mais honteux

aussi de les voir sortir en désordre, sans dignité. Beaucoup sont ivres, quelques-uns
demandent des cigares aux Allemands qui
entrent, et en reçoivent ; d'autres serrent la
main aux ennemis. J'ai vu des Allemands se
détourner avec dégoût. A une heure environ,
le défilé est interrompu, et les Allemands
entrent, ils vont s'établir sur les places publiques. Ils entrent avec dignité, sans cris,
sans rires ; c'est surtout de la landwehr. Je
reconnais M. de Lepel. On salue Uhrich, les
quelques marins qui restent, par de chaleu-
reuses acclamations. Nos soldats n'emportent
pas un seul drapeau. Bientôt les officiers reviennent. Il se trouve des soldats pour les
insulter, notamment Uhrich, mais un officier
de la mobile qui n'était pas encore sorti,
s'approche et serre la main au brave général...
Certains détachements sont sortis en ordre,
au son du clairon, un détachement de pon-
tonniers, par exemple, en tête duquel j'ai reconnu le commandant Bergère. Les Allemands amènent deux batteries, une quantité
de provisions, des bœufs entre autres. A trois
heures, il arrive encore des voitures et des
troupes (nous devons avoir huit mille hommes),

mais nous sommes affamés... La cathédrale
a sonné trois heures, c'est la première fois
qu'elle sonne depuis ces longues semaines.
Ce son produit un effet extraordinaire. Les
places publiques sont occupées par les troupes,
les ponts sont gardés par des sentinelles. Je
rentre ; on a annoncé à **M.** Schoop qu'il aurait
à loger vingt hommes ; on les établira dans
l'atelier. Il n'en vient que sept qui couchent
sur des matelas. Ce sont des Badois, très-
contents de pouvoir dormir sans crainte. Un
feldwebel vient demander s'il n'y a pas plus
de lits dans la maison. Il s'informe qui loge
au second et m'accuse d'avoir caché ma literie.
Je l'invite à monter pour s'assurer que je ne
possède que mon lit. Enfin, il s'éloigne... On
a tiré sur un Allemand ; impossible de découvrir le coupable. Aujourd'hui, jeudi, le
même fait s'est reproduit ; le coupable a été
fusillé...

« Journée du 29 septembre. — Je sors pour
aller faire un tour hors des portes... Une proclamation du général Mertens, gouverneur
de la ville, défend de la quitter. La défense a
été levée depuis midi. On peut circuler et
partir librement. Nous rencontrons le grand-

duc qui arrive avec sa suite ; il me reconnaît et me salue... Nous entrons à Sainte-Aurélie; l'église est affreusement arrangée et encore remplie de meubles. La fille de Clauss, du sacristain, y a été tuée, l'école est brûlée, la chaire de l'église, l'orgue ont beaucoup souffert, le plafond est percé en plusieurs endroits. Il n'y a plus de vitres. Une pauvre femme qui vit près de là a vu sa petite fille tuée le dernier jour. Elle ne sait pas si on lui permettra de sortir des portes pour l'enterrer. Des soldats allemands repêchent les armes jetées par dessus le pont du Corbeau. Ce matin, trois hommes sont venus me sommer de livrer les armes que je pouvais avoir. On leur a dit que j'étais pasteur; ils sont repartis. Tous les journaux, même les *Affiches,* sont supprimés... M. Schoop enlève l'abri en planches qui était devant la maison. Ces abris disparaissent partout, ainsi que le fumier et le sable avec lequel on avait blindé les soupiraux des caves...

«Journée du 3o septembre. — ...L'arrêté sur la presse ne permet pas la publication de journaux exclusivement rédigés en français.

Donc, le *Progrès* reste suspendu jusqu'à nouvel ordre...[1]

«Journée du 2 octobre. — Je prêche de nouveau, pour la première fois, à Saint-Nicolas. En chaire, je suis tellement ému que je puis à peine parler. Il y a passablement d'hommes, mais peu de femmes. Elles sont encore parties ou ignorent qu'il y a service. Tout le monde pleure à chaudes larmes...»

Schillinger, pour se reposer un peu des émotions du siége et aller embrasser ses parents, quitta le jour suivant Strasbourg avec quelques amis et se dirigea vers le Haut-Rhin. Son journal donne d'intéressants détails sur l'état des esprits dans ces parages, sur les préparatifs de défense faits à Colmar, à Belfort, etc., mais nous nous éloignerions trop de notre sujet en le suivant dans cette partie de son récit. Nous nous contenterons de dire, qu'après avoir passé quatre jours au milieu des siens, dans cette vallée des Vosges, d'or-

1. Le *Progrès* avait paru pour la dernière fois le 20 août.

dinaire si paisible, mais remplie maintenant de toutes les rumeurs de la guerre, Schillinger revint par Schlestadt et Barr à Strasbourg.

Il y trouva bientôt une occupation nouvelle, qui vint s'ajouter à toutes les autres qui prenaient son temps et ses forces. M. Zopff, qui était encore adjoint au maire, le chargea de faire le relevé des pauvres qui se trouvaient dans les édifices publics. En exécutant cette mission de statistique charitable, Schillinger put se rendre compte de la misère profonde qui régnait alors dans une partie de la population de notre pauvre ville. Aussi écrivait-il à la date du 22 octobre dans son journal :

«A Saint-Louis, je vois partir les derniers ménages. Les uns ont trouvé des logements, après bien des recherches, les autres sont allés à l'Académie. Ils y souffriront pendant quelque temps du froid, vu qu'il manque une grande partie des carreaux, mais c'est la même chose dans toutes les salles d'école et autres où l'on a donné un abri provisoire à ces pauvres gens. Partout ils ont dû remplacer les carreaux absents par du papier ou de la toile. C'était un aspect désolant que celui de ces salles. D'un côté, quelques débris de meubles sauvés, par terre, de misérables matelas, au milieu, un fourneau qui servait à faire la cuisine. Puis encore un homme qui travaille, une femme allaitant son enfant ou un malade qui gémit. Avant-hier, une pauvre fille phthisique est morte dans la salle d'asile de Saint-Nicolas…»

XVIII.

Quel que soit notre désir de nous effacer jusqu'au bout, nous devons renoncer ici à transcrire simplement le journal de Schillinger. Les occupations nombreuses qui l'absorbaient de plus en plus, les émotions patriotiques qui ne cessaient d'assiéger son esprit et son cœur, la lassitude naturelle que tous ces labeurs produisaient sur son organisation délicate, l'empêchèrent bientôt de noter ses impressions quotidiennes avec les mêmes détails que par le passé. Depuis la fin d'octobre, son journal présente des lacunes de plus en plus nombreuses; bientôt des mois allaient s'écouler sans qu'aucune notice nouvelle vînt s'ajouter aux pages précédentes. Et même s'il eût continué son journal, celui-ci n'aurait point donné une idée complète de son existence d'alors, Schillinger étant trop modeste pour parler de tous ses travaux, de tous ses efforts tentés pour alléger les souffrances physiques et les douleurs morales de ses concitoyens.

Sa conduite pendant le siége, son voyage à Paris, sa captivité à Mundolsheim, avaient assuré à notre ami une popularité légitime. Quand il reprit ses prédications à Saint-Nicolas, son auditoire s'en trouva doublé. Mais aussi quelles émotions profondes il savait réveiller dans les cœurs! combien sa parole, parfois sévère, et toujours consolante, savait remuer les consciences et faire jaillir du fond de l'âme des sentiments de contrition sincère ou des élans de charité chrétienne!

Nous nous rappellerons toujours l'effet de sa première prédication après la reddition de la ville. Ce jour-là, dans son église endommagée par les obus, nous le vîmes monter en chaire, en proie à une émotion telle, que tout son être en tremblait. Pendant que sa voix, s'affermissant par degrés, nous dépeignait les châtiments célestes dont la Providence avait visité notre pays et nous parlait de nos propres épreuves, nous l'écoutions en silence, plongés dans un abattement douloureux. Mais quand, dans une péroraison vraiment admirable, il invoqua l'esprit divin, l'esprit de vérité, de charité et de paix, le priant de ranimer nos cœurs, d'éteindre toute haine et toute amertume, de briser les liens de la mort qui nous étreignaient et de nous rendre la vie, quand, jetant un regard vers l'avenir, il s'écria : «Notre patrie se relèvera et nous bénirons le Dieu qui nous a frappés, lui rendant grâce même de nos inquiétudes et de nos alarmes!» ce fut comme une explosion de sanglots dans toute l'église. Il n'y avait là que peu de femmes; la plupart n'étaient pas revenues du dehors, d'autres se refusaient à traverser la ville remplie de troupes ennemies. Mais beaucoup d'hommes étaient venus, des hommes que nous avions vus supporter allégrement les dangers et les périls du siége, affrontant la mort le sourire aux lèvres, des hommes que nous savions peu accessibles aux émotions violentes et moins disposés encore à les montrer en public. L'impression n'en fut que plus forte et plus violente sur tous. On aurait dit, en entendant ces pleurs et ces sanglots, éclatant de toutes parts, que la voix du prédicateur nous avait fait comprendre à tous, pour la première fois, la perte que nous étions à la veille de subir.

A partir de ce moment, chaque dimanche vit affluer de nouveaux auditeurs autour de la chaire du jeune pasteur de Saint-Nicolas. Au milieu des malheurs qui venaient nous assaillir et que personne ne ressentait plus profondément que lui, Schillinger avait compris la haute et belle mission du prédicateur chrétien. Comme l'a si bien dit l'un de ses amis, «il se fit non-seulement l'orateur inspiré, j'allais dire le poète élégiaque de nos douleurs, mais surtout l'évangéliste de notre relèvement. Il eut à côté d'accents d'une ineffable tristesse, des paroles de divine consolation, de mâles exhortations au courage, à la virilité, à la confiance en Dieu, le réparateur de toutes les misères. Je n'hésite pas à dire que le bien qu'il a fait aux âmes est considérable, et ceux-là, sans doute, qui ont eu le bonheur de l'entendre, ne l'oublieront jamais.»

La prédication, les instructions religieuses, les visites à ses paroissiens, la direction du

Progrès Religieux, doublement difficile à ce moment, ne pouvaient suffire au besoin d'activité qui s'était emparé de l'âme de Schillinger. C'était d'ailleurs la disposition générale des esprits à Strasbourg. On cherchait comme à s'étourdir par un redoublement de travail, par une activité perpétuelle, sur les sombres perspectives de l'avenir. Une occupation constante, s'adressant à un but immédiat, empêchait seule les esprits et les cœurs de s'affaisser dans une désespérance complète.

Un grand comité municipal avait été formé par les soins de M. Küss, pour mettre un peu d'ordre et de régularité dans la distribution des secours aux nombreuses victimes du bombardement. Les relations de Schillinger avec plusieurs des membres de ce comité l'amenèrent à lui offrir son concours, et, comme on l'a vu par les extraits de son journal, donnés plus haut, ses offres furent acceptées. Notre ami fut principalement employé à dresser la liste d'une partie des huit mille habitants de Strasbourg qui, privés de leurs demeures par les projectiles ennemis, étaient disséminés dans les églises, les temples et les quelques édifices publics non incendiés pendant le siége. Il s'occupait de procurer du travail à ceux qui en manquaient ou de réunir des secours pour tel malheureux dont la détresse était particulièrement urgente, et ces occupations diverses lui faisaient voir de près bien des misères.

Voici, par exemple, un détail qu'il cite à la date du vendredi, 4 novembre : «...Une pauvre femme m'a raconté qu'après avoir été complétement incendiée, elle s'est réfugiée avec son mari sous la porte de Pierres. Ils y sont restés une dizaine de jours entassés avec une foule de malheureux, n'ayant rien à manger que ce que les soldats partageaient avec eux... Un homme que j'ai vu aujourd'hui, a passé huit jours sous un abri, sur le chemin de halage. Qui racontera jamais toutes ces horreurs!»

Pendant le cours du mois de novembre, Schillinger fut occupé de négociations délicates que lui avaient confiées le Comité de secours. D'Allemagne arrivaient des offres nombreuses d'accueillir et d'adopter temporairement ou définitivement un certain nombre d'enfants que le bombardement avait rendus orphelins ou qui momentanément étaient sans abri. Deux Wurtembergeois surtout, M. le conseiller de gouvernement Clausnitzer, de Stuttgart, et M. le docteur Werner, de Ludwigsbourg, directeurs tous deux d'établissements de charité publics, étaient venus offrir en personne leurs bons offices à la municipalité strasbourgeoise. Schillinger avait déjà recueilli des renseignements sur un certain nombre de petits malheureux qui lui étaient recommandés de part ou d'autre, et il en recevait chaque jour davantage. Nous l'avons accompagné plus d'une fois dans la banlieue, lorsqu'il allait prendre des notes pour former ses dossiers. Sa tâche lui paraissait bien dure par moments... Il tâchait, autant que possible, de placer ses petits patronnés en Alsace ou en Suisse, mais l'offre, malheureusement, ne répondait pas à la demande, et quand il sortait de quelque taudis où languissaient de pauvres enfants privés de surveillance et de soins, il disait avec raison, qu'une éducation chrétienne, en n'importe quel pays, valait mieux que l'ignorance, la misère et le vice. On a retrouvé parmi ses papiers une des lettres que lui écrivit alors le président du

Comité de secours, l'honorable **M. Momy**; elle témoigne trop hautement en faveur de l'activité de notre ami pour que nous ne la reproduisions point ici :

«Strasbourg, 3 décembre 1870.

«Monsieur,

«Nous avons appris avec une vive satisfaction que, grâce à vos bons soins, vingt-deux enfants sont partis de nouveau pour les établissements de **MM.** Clausnitzer et Werner. Le Comité vous exprime toute sa gratitude pour le précieux et bienveillant concours que vous lui avez prêté en cette circonstance et que vous voulez bien lui offrir encore pour l'avenir. Il prend bonne note de cette offre et ne manquera pas d'en profiter le cas échéant. Recevez, monsieur, avec nos remercîments bien sincères, l'assurance de notre parfaite considération.

«Au nom du Comité de secours,

«Le président,

« **Momy.** »

L'année se termina de la sorte. Décembre passa tristement comme novembre ; la lutte continuait toujours...

On espérait encore, vaguement, contre tout espoir. La fête même de Noël, si joyeuse d'ordinaire, ne fut pas célébrée dans la plupart des familles. — «C'est Noël demain, écrivait Schillinger, à la date du 24 décembre ; personne ne le fête ; on est cent fois plus triste que nous ne l'avons été depuis longtemps. O Dieu, quand aurons-nous de nouveau un rayon de joie ?... J'ai vu aujourd'hui des blessés français à la gare. Il en vient tous les jours qui rentrent dans leurs foyers. Ils ne peuvent plus faire de mal, ces pauvres jeunes gens, n'ayant plus de bras ou de jambes. On fait ici énormément pour nos pauvres prisonniers. C'est bien beau !...»

Les sentiments patriotiques que Schillinger exprimait dans son journal, il ne les reniait pas, on le pense bien, devant le public. Toujours modéré, mais ferme, toujours digne dans l'expression de ses espérances et de ses regrets, mais n'essayant pas de les cacher, il n'était pas vu d'un œil favorable par l'autorité militaire qui nous gouvernait alors avec toutes les rigueurs de l'état de siége. Le *Progrès Religieux* surtout était l'objet du mécontentement officiel. Dès le premier jour de son existence, le domaine politique proprement dit lui était resté fermé, de par la législation française sur la presse, et Schillinger était à la fois trop loyal et trop sage pour ne pas respecter les lois. Mais dans le domaine de la charité publique et sur le terrain purement religieux, des occasions fréquentes se présentaient, s'imposaient même, où la pensée du journal et la disposition d'esprit de ses rédacteurs éclatait forcément. On reprochait au *Progrès* de publier *in extenso* les rapports navrants du Comité de secours strasbourgeois et d'insérer des correspondances qui dépeignaient le triste sort des prisonniers en Allemagne. Quand un article du journal traitait une question de simple morale, la malignité de certains lecteurs ou la susceptibilité du vainqueur croyait deviner des allusions blessantes auxquelles l'auteur n'avait nullement songé. Dans le cours de décembre, **M.** le pasteur Leblois fournit quelques articles, intulés : *Dialogues sur le temps présent*. Il y démontrait, à un point de vue tout objectif, et conformément aux croyances chrétiennes, que c'est la Providence et non point la force brutale qui gouverne le monde. Ces articles, qui, relus à distance, paraîtront inoffensifs à tout homme impartial, appelèrent néanmoins sur le journal les sévérités administratives. Le 5 janvier 1871, Schillinger recevait le document suivant, que nous traduisons de l'allemand :

«Monsieur le rédacteur,

«Dans votre journal, le *Progrès Religieux*, se trouvent deux articles, *La loi de solidarité*[1] et *Les leçons du temps présent*, qui contiennent tous les deux des observations politiques incompatibles avec l'état de siége de la forteresse de Strasbourg. En me réservant de supprimer votre feuille, si le même fait se reproduit, je vous donne, par les présentes, un avertissement.

«Le gouverneur de la forteresse,
«von OLLECH, lieutenant-général.»

---

[1]. L'incrimination de ce premier article était d'autant plus inattendue que c'était un simple fragment du beau livre de M. Bersier sur la *Solidarité*, publié plusieurs mois *avant* la guerre et qu'on avait inséré précisément puisque la rédaction du journal était en peine de trouver des thèmes inoffensifs en de pareils moments.

Le vrai motif de cette menace inattendue doit sans doute être cherché ailleurs. Le gouvernement de l'Alsace-Lorraine avait été confié, pour le moment, à un haut personnage militaire, appartenant au parti orthodoxe, M. le comte de Bismarck-Bohlen. Cette nomination, accompagnée de quelques autres indices favorables, poussa dès le début de la conquête les partisans du parti ultra-luthérien d'Alsace à faire des avances marquées au vainqueur, des mains duquel ils espéraient recevoir la domination dans l'Église. Les mêmes hommes, qui, peu d'années auparavant, affichaient leur ardent patriotisme dans leurs adresses à Louis Bonaparte et se répandaient en protestations de dévouement devant les maréchaux de Napoléon III, firent sonner bruyamment leur enthousiasme de néophytes à l'adresse du nouvel empire germanique. C'était appliquer, une fois de plus, la maxime bien connue de Tacite : *Omnia serviliter pro dominatione*. Le sentiment de répugnance que cette volte-face subite excita parmi les protestants alsaciens se fit jour dans les colonnes du *Progrès*. M. Leblois y cita textuellement les assurances solennelles des cory-

phées du parti, données, quelques années
auparavant, que «leurs cœurs étaient français». Ils n'osèrent point réclamer contre le
témoignage d'un auditeur aussi digne de foi,
appuyé d'autres témoins, mais ils s'arran-
gèrent sans doute à faire punir et le journal
et l'écrivain qui avaient eu le courage de ca-
ractériser leur conduite. Cet avertissement
ne pouvait changer les sentiments de notre
ami et de ses collaborateurs, mais il les força
à redoubler de prudence. Des travaux purement scientifiques et qui ne pouvaient exciter
les soupçons du censeur le plus méticuleux,
furent alors offerts aux lecteurs du *Progrès*.
C'étaient l'*Histoire de la Réforme à Kaysers-
berg,* de M. Erichson, la *Sorcellerie au sei-
zième et au dix-septième siècle en Alsace,* de
M. Rod. Reuss, la *Révélation,* de M. Jeanmaire, etc. Ces travaux, s'ils ne captivèrent
pas les esprits, absorbés par des préoccupations toutes différentes, permirent au moins
au rédacteur en chef de consacrer son temps
à des affaires urgentes.

Pendant ce temps, la situation s'assombris-
sait de plus en plus ; elle paraissait déses-
pérée à ceux-là même qui, comme Schillinger,

se refusaient naguère encore à croire possible la catastrophe finale. Aussi notre ami écrivait-il à la date du 29 janvier : «...Depuis Noël, nous avons espéré. Aujourd'hui, plus rien. Paris capitule, Bourbaki est en retraite dans l'Est. Rien que tristesse et abattement. On entend parler de défections ; le spectacle le plus triste commence... Carrière a été arrêté dans la rue, le soir comme il venait chez moi, tenu quelques jours en prison, puis transporté sur la frontière de Belgique, sans linge et sans argent. Pourquoi ? Dieu le sait... Les prisons regorgent de monde. Le *Journal de Sainte-Marie-aux-Mines*, le *Volksblatt* d'ici sont supprimés. M. Berger-Levrault voulait créer un journal ; on lui a refusé l'autorisation...»

Quelques semaines plus tard, dimanche, 12 mars, il disait : «C'en est fait, nous sommes allemands... Mercredi dernier, nous avons enterré Küss, dernière démonstration française. Au cimetière, on a crié : Vive la France ! Vive la République !... Je suis décidé à rester ici. On parle beaucoup de faire des églises libres ; on me dit même que des listes provisoires se couvrent de signatures...

«Dimanche, 26 mars. — La révolution est à Paris, le sang a coulé, les généraux Lecomte et Clément Thomas ont été massacrés ; Lyon, Bordeaux, Saint-Etienne suivent l'exemple de la capitale ; quarante mille Kabyles marchent sur Alger. Pauvre France ! En sortira-t-elle jamais ? Je commence à être plus las que je ne saurais dire. Dimanche dernier, je me suis arrêté court dans mon sermon ; je ne savais plus ni ce que j'avais dit, ni ce que je voulais dire...»

Nous avons mis à la suite l'une de l'autre ces quelques citations du journal de Schillinger, puisque ce sont les dernières qui se rapportent à la guerre de 1870 - 1871 et qu'elles terminent, à vrai dire, tout un chapitre de son existence. Nous avons à reprendre maintenant, en revenant quelque peu en arrière, le récit de son activité ecclésiastique et religieuse. Après avoir rempli noblement ses devoirs de citoyen vis-à-vis de la patrie, Schillinger a consacré, pendant la dernière année de son existence, ce qu'il avait de forces et de talent, à la défense des intérêts ecclésiastiques de sa province natale. C'est au tableau de ces luttes nouvelles que nous

consacrerons nos derniers chapitres. Circons-
crites dans un cercle plus restreint, d'un in-
térèt moins général peut-être pour les lecteurs
du dehors, elles méritent néanmoins d'être
racontées avec quelques détails. C'est dans
ce domaine, en effet, que Schillinger a le
mieux réussi à créer une œuvre durable, et
c'est un pieux devoir pour ses amis de retracer
ses titres à la reconnaissance de l'Eglise protestante d'Alsace.

XIX.

Pour cette dernière partie de notre récit,
nous sommes malheureusement réduits à
consulter, soit les documents imprimés, soit
nos propres souvenirs. Surchargé de besogne
et souvent écœuré par ce qui se passait autour de lui, Schillinger ne trouvait plus le
loisir de rédiger son journal. Durant les longs
mois qui s'écoulèrent de mars à août 1871,
il n'y a rien consigné, ni sur ses sentiments,
ni sur ses travaux. Et cependant, ce fut un
temps de crise pour l'Eglise protestante d'Alsace et de rude labeur pour notre ami. Nous
avons dit plus haut que les chefs du parti
luthérien s'étaient empressés, dès les premiers jours, autour des représentants du
gouvernement allemand, essayant de capter

leurs bonnes grâces par l'affirmation d'un ardent patriotisme, et réclamant, en échange de cette adhésion politique, une influence prépondérante dans les affaires ecclésiastiques. Dès le mois de décembre, on voyait se dessiner dans les principaux organes du parti, et surtout dans la *Gazette luthérienne* de Leipzig, publiée par le professeur Luthardt, leur plan de campagne et leurs projets d'avenir. L'outrecuidance avec laquelle ils dénonçaient leurs adversaires religieux, plus ou moins empêchés de leur répondre, indiquait assez qu'ils se croyaient à peu près sûrs de la victoire. Au commencement, les partisans des opinions libérales et modérées, qui formaient l'immense majorité des protestants d'Alsace, n'avaient point conçu de craintes au sujet du maintien de notre organisation ecclésiastique. Dès le mois de septembre 1870, et avant même que Strasbourg eût capitulé, les autorités allemandes, établies à Haguenau, avaient publié une ordonnance d'après laquelle « l'organisation des Eglises catholiques et protestantes était maintenue sans aucune espèce de changement ». Après la prise de la ville, le gouverneur-général, M. de Bismarck-

Bohlen, et le commissaire civil, M. de Kühlwetter, donnèrent, à plusieurs reprises, des
promesses analogues. Néanmoins, dans les
premières semaines de l'année 1871, le bruit
se répandit que le gouverneur-général, in-
fluencé par le parti orthodoxe, auquel il appartenait par ses convictions religieuses, avait
fait venir d'Allemagne un commissaire spécial pour étudier notre situation ecclésiastique et formuler des propositions relatives
à la réorganisation des Eglises alsaciennes.
Ce personnage était M. Fabri, inspecteur des
missions à Barmen, théologien-diplomate,
connu par différents écrits politico-religieux,
dont la tendance laissait assez clairement
entrevoir dans quel sens le nouveau conseiller
formulerait ses propositions de réformes. Dès
le commencement de février, la *Gazette ecclésiastique protestante* de Berlin, l'un des organes du libéralisme religieux en Allemagne,
se faisait l'écho des inquiétudes provoquées
par ce travail, pour ainsi dire, occulte et par
la paralysie presque absolue dans laquelle
était maintenu le Directoire. La célébration
du jubilé de M. le doyen Bruch, membre du
Directoire, qui, le 21 février 1871, fêta le

cinquantième anniversaire de sa carrière pro-
fessorale, offrit aux protestants libéraux une
première occasion de se grouper. Ils exprimèrent, dans leurs discours et leurs adresses,
leur ferme attachement à l'organisation de
leur Eglise, susceptible assurément de nombreuses améliorations, mais qui ne pouvait
être remaniée que par les représentants de
l'Eglise elle-même. Quelques jours plus tard,
Schillinger posait à son tour la question dans
le *Progrès* :

« L'Alsace, disait-il, étant cédée à l'Allemagne, quel sera le sort de notre Eglise?
Cette question s'impose à tous ceux qui
prennent quelque intérêt aux affaires ecclésiastiques et depuis longtemps nous l'entendons soulever autour de nous. Nous avons dû
l'écarter tant que la paix n'était pas conclue ;
nous ne le pouvons plus aujourd'hui que
l'annexion est définitivement prononcée. » Il
déclarait ensuite qu'il ne partageait point,
pour sa part, toutes les craintes soulevées par
l'arrivée du docteur Fabri, dont les vues
étaient plus larges qu'on ne le croyait généralement; mais il insistait sur la nécessité de
consulter l'Eglise elle-même avant de pro-

céder à des remaniements organiques plus ou moins considérables.

Cette nécessité s'imposait de plus en plus aux esprits impartiaux, à mesure que les corps ecclésiastiques légalement constitués perdaient de leur autorité par suite des événements politiques. Le 14 mars, M. Braun annonçait à ses anciens administrés qu'il venait de donner sa démission de Président du Directoire et faisait ses adieux à l'Eglise d'Alsace dont il avait dirigé les destinées pendant plus de vingt ans. Le Directoire restait composé de trois membres seulement, MM. Bruch, Kratz et Goguel ; le cinquième membre de ce corps, M. le professeur Rau, avait quitté Strasbourg dès les premiers jours d'août, pour siéger comme conseiller à la Cour de cassation. Le Consistoire supérieur, de son côté, par suite du détachement des deux inspections de Paris et de Montbéliard, ne comptait plus que dix-neuf membres, dont plusieurs étaient en outre démissionnaires. Les Conseils presbytéraux et les Consistoires auraient dû être renouvelés par des élections partielles dès le mois de janvier, mais la guerre avait rendu les opérations électorales impossibles. Toutes

les représentations légales du protestantisme
alsacien étant ainsi plus ou moins désorgani-
sées, incomplètes, incertaines du lendemain,
le moment était éminemment favorable à
un bouleversement total, imposé d'en haut.
Un arrêté de **M.** de Kühlwetter, daté du
25 mars, confirmait bien **M.** l'inspecteur
Bruch et ses collègues dans leurs fonctions
directoriales, mais à titre provisoire seulement, et cette formule laconique ne laissait
pas d'inquiéter fort l'opinion publique. Le
Progrès du 15 avril se fit l'interprète de ces
craintes. Il demandait si ce maintien *provisoire* ne signifiait pas que le Directoire, réduit
à trois membres, n'aurait plus qu'un rôle secondaire à jouer jusqu'au moment où l'autorité
allemande jugerait convenable d'octroyer à
l'Eglise une constitution nouvelle. Il relatait
le bruit d'après lequel un projet de constitution ecclésiastique avait réellement été élaboré en Alsace par les soins de **M.** Fabri
et envoyé à Berlin. «Les fidèles seront-ils
consultés? disait-il en terminant; voilà la
question qui, pour le moment, prime toutes
les autres. Les innovations les meilleures du
monde auraient peu de valeur à nos yeux,

s'il fallait les acheter au prix de notre autonomie. Or, à cet égard nul témoignage positif n'est encore venu révéler les intentions de l'administration allemande, et nous en sommes toujours réduits aux conjectures, qui, à mesure que l'incertitude se prolonge, prennent un caractère plus inquiétant.»

Pendant qu'un certain nombre de membres du Consistoire supérieur, réunis à Strasbourg pour discuter la situation, adressaient au Directoire une lettre officieuse, lui demandant de veiller à ce que l'organisation de l'Eglise ne fût modifiée que d'accord avec les corps constitués, Schillinger allait un peu plus loin. On se rappelle qu'en 1870, peu de mois avant la guerre, il avait pris une part prépondérante à l'organisation d'une agitation légale en faveur de certaines modifications du décret-loi de 1852, qui formait la charte constitutionnelle de l'Eglise de la Confession d'Augsbourg en France. Il ne pouvait donc considérer le Directoire et le Consistoire supérieur, surtout tels qu'ils étaient composés pour lors, comme une représentation suffisante du protestantisme alsacien. Il ne pouvait approuver le maintien du *statu quo* sans donner un démenti formel à ses convictions les plus chères. D'autre part, il sentait fort bien que c'était faire le jeu de ses adversaires que d'attaquer les lois existantes sur un plus grand nombre de points à la fois. Pour éviter ce double écueil, tout en continuant à éclairer l'opinion publique, Schillinger ouvrit largement les colonnes du *Progrès* à tous ceux qui désiraient donner leur avis sur la situation ecclésiastique. La thèse de la séparation de l'Eglise et de l'Etat elle-même ne fut point exclue. Cette théorie, à laquelle appartient certainement l'avenir, mais un avenir encore lointain, devait sourire alors à beaucoup d'esprits en Alsace. Schillinger lui-même — on l'a peut-être remarqué dans une phrase de son journal — semble avoir conçu un instant l'idée de sortir de l'Eglise officielle. Et nul doute qu'il n'eût réussi, pour le moment du moins, à grouper autour de lui une petite église indépendante et libérale. Mais si jamais il forma sérieusement ce projet, il ne tarda pas à le rejeter par attachement pour notre vieille Eglise d'Alsace; se séparer d'elle, lui eut semblé presque une désertion dans les conjonctures d'alors.

En essayant ainsi de réveiller l'intérêt des protestants libéraux d'Alsace pour les questions d'organisation ecclésiastique, Schillinger avait soin d'accentuer le principe de l'autonomie de l'Eglise comme le seul autour duquel devait se livrer la grande bataille. Tous les amendements à la loi existante, toutes les améliorations étaient admissibles, voire même désirables à ses yeux, à la condition toutefois d'émaner du sein même de l'Eglise, c'est-à-dire de la représentation complète et librement élue des protestants du pays. Il espérait empêcher ainsi les dissensions sur les détails, presque inévitables, entre les fractions plus modérées ou plus radicales du parti libéral. Il leur donnait à toutes une base commune et sur laquelle ils se rencontraient même avec une fraction notable du parti piétiste.

Cet accord était d'autant plus nécessaire que le départ momentané de M. Fabri, au mois d'avril, n'avait point amené le découragement dans les rangs des adversaires. Ce personnage avait échoué pour le moment avec les propositions de «réforme» qu'il avait présentées et dont il a lui-même publié plus tard la substance[1]. On sait qu'elles tendaient plus ou moins ouvertement à la domination de l'orthodoxie confessionnelle. Mais si elles n'avaient point été agréées à Berlin, ce n'était point un échec définitif, et le parti luthérien, sûr désormais de l'appui des gouvernants de l'Alsace, crut pouvoir s'adresser directement au gouvernement central. La *Gazette luthérienne* de Leipzig publia en mai une lettre adressée au prince de Bismarck par vingt-huit pasteurs et candidats au ministère, pour demander que l'Eglise d'Alsace fût désormais gouvernée d'après l'esprit et *la lettre* de la Confession d'Augsbourg et que ses pasteurs et ses corps constitués fussent obligés de se soumettre aux formules dogmatiques élaborées au siècle de la Réforme. En présence de ces prétentions exorbitantes, la plupart des libéraux continuaient malheureusement à se taire. C'est en vain que, dans le *Progrès*, Schillinger essayait d'exciter leur zèle, les engageant à se grouper à l'exemple de leurs adversaires, à élever la voix dans les journaux

1 Dans son livre intitulé *Staat und Kirche*, 1872; un appendice y est consacré aux affaires d'Alsace-Lorraine.

ou dans des réunions publiques, à provoquer les votes des Consistoires sur ces questions urgentes; en vain il leur représentait que jamais leurs désirs et leurs vœux ne seraient pris en considération, s'ils persistaient à ne pas les exprimer tout haut. Le 6 juin enfin, un premier pas fut fait dans ce sens. La Conférence pastorale, réunie à Strasbourg sous la présidence de M. Bruch, entreprit l'examen approfondi de la situation ecclésiastique. Après une discussion brillante, à laquelle prirent part MM. les professeurs Edouard Reuss et Cunitz, MM. les pasteurs Riff, Eschenauer et autres, la conférence vota une série de résolutions, qui furent adressées au chancelier de l'Empire, comme l'expression des vœux de la grande majorité des ecclésiastiques protestants d'Alsace-Lorraine. On y demandait : 1° que rien ne fût changé à la constitution actuelle de l'Eglise avant que celle-ci eût été appelée à émettre son opinion sur les modifications projetées, par des représentants librement élus; 2° que dans toutes les modifications à accomplir, le droit de la plus parfaite autonomie de l'Eglise, pour ce qui concernait ses affaires intérieures, fût dûment respecté ; 3° que la prépondérance numérique des laïques sur les ecclésiastiques, dans tous les corps administratifs de l'Eglise, fût maintenue comme par le passé ; 4° que, pour l'avenir aussi, Strasbourg restât le siége de l'autorité supérieure de notre Eglise. Les signataires ajoutaient enfin : « Considérant que sous le gouvernement français l'Eglise a joui pendant de longues années d'une liberté incontestée ; qu'elle a été affranchie de tout joug doctrinal et liturgique ; que toute tendance théologique légitime a pu s'y développer et se maintenir sans entraves ; que le principe d'une tolérance sincère et véritable est profondément enraciné et vivant dans la conscience de l'Eglise protestante d'Alsace, les soussignés expriment avec une entière assurance le vœu que, sur la base de l'Evangile, cette liberté soit garantie et conservée à leur Eglise.»

Pendant que l'adresse de la Conférence partait pour Berlin, munie de nombreuses signatures, elle était envoyée à toutes les églises et soumise à l'adhésion des consistoires et des conseils presbytéraux. Celui de Saint-Nicolas s'y ralliait dès le 15 juin, à l'unanimité moins une voix. En même temps, le vénérable président de la Conférence pastorale, M. le doyen Bruch, entrait dans l'arène avec une ardeur toute juvénile et publiait sur la matière une série de brochures intitulées : *Feuilles volantes pour servir à l'appréciation de la constitution de l'Eglise de la Confession d'Augsbourg en Alsace et dans la Lorraine allemande.* Les luthériens répondirent par des brochures en sens contraire, où l'aménité de la forme ne remplaçait pas les arguments de fond, qui faisaient généralement défaut. Les inquiétudes furent un peu calmées par un rescrit du chancelier de l'Empire, adressé à M. Bruch, en date du 19 juin. M. de Bismarck, qui probablement se souciait peu d'ajouter des querelles ecclésiastiques aux embarras politiques dans les pays annexés, et qui, sans doute, s'était fait renseigner sur la force respective des partis religieux en Alsace, répondait sur un ton rassurant à l'adresse de la Conférence pastorale. Il déclarait aux signataires «qu'il n'entrait pas *pour le moment* dans ses intentions de proposer à S. M. l'Empereur et au Conseil fédéral des modifications à la constitution qui subsiste de droit dans l'Eglise d'Alsace et de Lorraine.» Il ajoutait que «s'il devait paraître convenable d'introduire des changements dans ladite constitution, ce ne serait qu'après consultation des organes légitimes de l'Eglise. »

C'était, pour le moment, un grand point de gagné, mais l'avenir n'en restait pas moins plein d'incertitude. Il y avait bien des raisons pour craindre que, tout en respectant les cadres existants, l'orthodoxie ne réussît à triompher de la majorité libérale dans l'Eglise d'Alsace. On apprenait en effet qu'à la suite des démarches faites auprès de lui, le chancelier de l'Empire avait donné l'ordre au gouverneur-général de reconstituer l'autorité supérieure de l'Eglise de la Confession d'Augsbourg en Alsace-Lorraine. M. de Bismarck-Bohlen se hâta de rappeler le docteur Fabri pour le conseiller et l'aider dans cette tâche difficile. Bientôt les bruits les plus inquiétants recommencèrent à circuler. On allait jusqu'à nommer les personnages orthodoxes marquants qui devaient être appelés à siéger au Directoire. Celui-ci ne compterait plus dorénavant que quatre membres, deux libéraux et deux orthodoxes, et le président, avec voix prépondérante, serait choisi parmi ces derniers. Le troisième membre libéral encore en fonctions devait être éliminé, sous prétexte qu'élu jadis par l'inspection de Montbéliard, il ne représentait plus l'Eglise d'Alsace. C'était, avec une apparence de modération, un véritable coup d'Etat qui se tramait ainsi dans l'ombre.

Schillinger avait longtemps attendu que des hommes plus âgés et plus qualifiés que lui prissent l'initiative d'un mouvement d'opinion contre de pareilles tentatives. Personne ne l'ayant fait, il ne lui parut point possible d'attendre davantage. Dans le numéro du *Progrès* du 16 juillet 1871, il publia, de concert avec son ami Gerold, qui lui fut fraternellement associé durant toute cette campagne, un chaleureux *appel* aux protestants libéraux de Strasbourg, les invitant à une réunion publique où seraient débattues les mesures à prendre dans l'intérêt de la cause commune. Cet appel trouva de l'écho. La réunion eut lieu le 24 juillet, à l'église Saint-Nicolas ; elle comptait environ quatre-vingt-dix membres, tant pasteurs que laïques. La rédaction du *Progrès religieux* lui soumit trois propositions distinctes, qui donnèrent lieu à une discussion vive et d'un intérêt soutenu. La première se rapportait à la rédaction d'une protestation contre l'entrée de MM. Léon de Bussierre et A. Küss au Directoire [1], entrée qu'on croyait alors imminente. La seconde revendiquait l'autonomie de notre Eglise et proposait l'émission d'un vœu tendant à la convocation d'une assemblée constituante. La troisième enfin demandait la fondation d'une Union libérale protestante d'Alsace et de Lorraine. Les trois propositions furent votées en principe, un comité provisoire fut chargé de les élaborer en détail et une réunion nouvelle convoquée à huitaine, pour en entendre le rapport. C'est dans cette seconde réunion que fut décidément fondée l'Union laïque dont Schillinger poursuivait la création depuis de si longues années, et dont il attendait tant pour le réveil de l'intérêt religieux parmi

---

1. Nous devons faire remarquer ici que M. Léon de Bussierre a protesté plus tard contre le rôle que lui faisait jouer M. Fabri et qu'il a déclaré n'avoir jamais autorisé personne à compter sur son entrée au Directoire.

les masses protestantes. Il en avait rédigé les statuts, à la demande du comité provisoire, et il les fit voter sans difficulté dans l'assemblée du 31 juillet. Fidèle aux pensées de conciliation qui dominèrent toujours en lui, il proposa pour l'association nouvelle un titre qui, sans cacher aucunément le but qu'elle allait poursuivre, permettait pourtant à tout protestant indépendant de s'y rallier, sans être obligé de professer pour cela tous les paragraphes de la dogmatique libérale. Aussi longtemps que Schillinger a vécu, l'*Union libérale* actuelle s'est appelée *Union évangélique protestante*. L'association nouvelle déclarait avoir pour base l'évangile de Jésus-Christ, librement accepté par la conscience et règle de la vie. Elle annonçait comme son but de seconder le mouvement religieux au sein des églises protestantes d'Alsace et de Lorraine, de faciliter le développement de la vérité chrétienne dans le sens libéral, et de combattre l'intolérance religieuse partout où elle se manifesterait. Soutenir les œuvres libérales existantes, provoquer la création d'œuvres nouvelles, organiser des réunions publiques et des conférences dans tous les centres importants du pays, telle était la tâche que s'imposait l'Union. Un comité central de quinze membres, dont dix laïques et cinq ecclésiastiques, dirigerait ses travaux à Strasbourg. Des sous-comités pourraient être formés dans chaque circonscription consistoriale et conserveraient une liberté d'action à peu près complète, ainsi que la libre disposition des fonds recueillis par leur initiative, etc.

Le comité provisoire se mit aussitôt à l'œuvre. Un *Mémoire* sur la situation de l'Eglise, rédigé par son secrétaire, fut soumis à l'approbation de l'Union, pour être ensuite répandu parmi les protestants d'Alsace et de Lorraine, et réunir des adhésions aussi nombreuses que possible. Les conclusions de ce mémoire dépassaient de beaucoup celles de l'adresse de la Conférence pastorale ; il demandait : 1° que le décret-loi de 1852 fût rapporté ; 2° qu'un synode constituant fût chargé de préparer une constitution nouvelle, sur la base des articles organiques de 1802 et en mettant à profit toutes les expériences acquises depuis lors ; 3° qu'en attendant l'établissement de la nouvelle constitution, les

autorités existantes fussent autorisées à continuer leurs fonctions, sans aucune restriction
ni changement dans leur composition actuelle.
Le comité de l'Union fit partir ces vœux pour
Berlin, sans se dissimuler qu'on ne mettrait
aucun empressement à les réaliser. Aussi
bien s'agissait-il, avant tout, à ses yeux, de
fixer une bonne fois théoriquement les revendications légitimes de la conscience protestante, sauf à laisser à l'avenir le soin d'obtenir leur mise en pratique.

XX.

Pendant que ces discussions et ces débats absorbaient tous les moments libres de notre ami, le cours des temps ramenait une à une toutes les dates néfastes de l'année précédente, et avec elles les souvenirs déchirants qui avaient précédé pour Strasbourg les angoisses du siége lui-même. Le tour de prédication de Schillinger tombait sur le dimanche, 6 août, jour anniversaire des batailles de Frœschwiller et de Forbach. Mais nous préférons lui laisser la parole pour raconter l'incident qui faillit le troubler au moment de monter en chaire ; c'est, en effet, la première notice que nous retrouvions dans son journal :

« Dimanche, 6 août. — Anniversaire de Wœrth. Les rues sont à peu près désertes ;

presque toutes les personnes qui s'y montrent portent, les hommes une immortelle, souvent ornée d'une cocarde tricolore, à la boutonnière, les femmes des nœuds tricolores. J'ai prêché ce matin. Avant le service, M. G.... est venu me prévenir qu'il y aurait probablement des émissaires, chargés de m'écouter, à l'église. Il aurait été question de m'expulser. M. G.... assurait le savoir pertinemment, j'ignore par quelle voie. J'en fus d'autant plus étonné que depuis longtemps je n'ai pas parlé politique dans mes sermons. Je n'ose attribuer ces dispositions hostiles à des suggestions du parti orthodoxe, à la suite des articles du *Progrès* sur la conférence de M. Max Reichard à Berlin[1]. La chose m'a troublé, maintenant c'est passé. Il en adviendra ce que Dieu voudra....»

Ce qui prouve que cet avertissement amical n'était pas absolument dénué de fondement, c'est que trois semaines plus tard, M. le doyen Bruch, autrefois le maître et depuis le supérieur bienveillant et l'ami de Schil-

---

1. Sur les faits auxquels il est fait allusion ici, voyez le *Progrès* du 22 et du 29 juillet 1871.

linger, lui écrivait à son tour le billet que voici : «Abstenez-vous de tout ce qui pourrait être interprété comme une excitation contre l'état actuel des choses. Croyez bien que je n'oserais pas vous donner ce conseil, si je n'avais des raisons graves pour le faire.»

A ce moment, Schillinger se sentait profondément épuisé par les émotions et les fatigues des derniers mois. Il n'avait pris aucun repos depuis les quelques jours passés à Muhlbach, en octobre, et le médecin lui prescrivit impérieusement de songer à sa santé. A tous les labeurs qui s'imposaient naturellement à lui, il venait d'en ajouter un autre, dont la plupart de ses amis n'ont rien su à cette époque et qu'ils ignorent peut-être jusqu'à ce jour. Désireux de fournir, pour sa part, à l'opinion publique en Allemagne des renseignements exacts sur la situation des esprits en Alsace, Schillinger avait consenti, en juin 1871, à devenir le correspondant strasbourgeois du *Journal de Francfort,* à condition qu'il y pourrait librement parler des hommes et des choses. La proposition lui en avait été faite, si je ne me trompe, par M. Schulze, ce correspondant de la *Gazette*

de Carlsruhe, qui avait demeuré en même
temps que lui au presbytère de Mundolsheim.
Schillinger ne continua d'ailleurs ce travail
anonyme et forcément ingrat que pendant
sept mois : sa première correspondance au
journal francfortois est datée du 12 juin 1871,
sa dernière du 9 février 1872. C'est seulement après sa mort, lorsqu'on rangea ses
papiers, que nous fut révélée la courte apparition de notre ami dans les rangs du jour-
nalisme politique.

Schillinger dut donc obéir aux ordres de
la Faculté et quitter l'atmosphère lourde et
fatigante de Strasbourg. Il se rendit d'abord
en Suisse, pour remettre à **M.** Bischoff, secrétaire d'Etat du canton de Bâle, une première
somme de mille francs que le *Progrès* avait
recueillie parmi ses abonnés, en faveur des
inondés de la Suisse orientale. Notre ami
s'était donné beaucoup de mal pour faire
réussir cette souscription ; il tenait à prouver
à nos anciens alliés combien notre reconnaissance pour leur généreuse intervention lors du
bombardement de Strasbourg était vivante.

De Bâle il alla dans le Haut-Rhin, pour
voir son ami **M.** Théodore Beck, pasteur à

Massevaux. Il arriva bien épuisé dans cette résidence pittoresque du Herzbourg, si chère aux visiteurs, grâce à l'hospitalité fraternelle de ses habitants. « J'ai besoin de respirer un autre air, disait-il à son ami, et de reprendre courage au milieu des montagnes que je n'aurais jamais dû quitter.» Il venait aussi le solliciter de se présenter en temps et lieu pour la place que la démission de M. Eschenauer, arrêtée dès lors, allait laisser vacante à la paroisse française de Saint-Nicolas. « Tu me seconderas, disait-il, tu me soulageras dans mes nombreuses occupations ; peut-être de cette façon pourrai-je vivre un peu plus long-temps. Peut-être aussi, si je venais à manquer d'abord, pourrais-tu me succéder. Pro-mets-moi de te présenter dès que je t'écrirai ; je compte sur toi.» Et M. Beck lui ayant manifesté l'intention de ne pas rester en Alsace et de transporter ailleurs ses pénates, comme il devait le faire dix ans plus tard, Schillinger lui répliqua : «Ce serait une faute, une faute grave. Plus tard tu feras ce que tu voudras, mais pour le moment, il faut vouloir ce que tu dois ! »

Vers la fin de la semaine, il dut revenir à

Strasbourg où l'appelait son tour de prédication ; mais se sentant trop fatigué pour monter en chaire, il pria son ami de l'accompagner
et de prêcher pour lui. M. Beck occupa en
effet la chaire de Saint-Nicolas, dans la matinée du 13 août, et — circonstance bizarre,
qui le frappa vivement plus tard — ce fut à
cette même date, jour par jour, à un an de
distance, que le Directoire le nomma à la place
devenue vacante par la mort de Schillinger !

Toujours souffrant et poussé par son médecin, notre ami se décida à partir encore
une fois pour les montagnes. Il fut s'enfermer
dans le presbytère de son ami, M. Engelmann, alors pasteur au village de Schœnbourg, en Lorraine. Il y suivit pendant quelques semaines un traitement spécial, qui
devait arrêter ou du moins ralentir les progrès de la maladie de cœur dont il souffrait
depuis si longtemps. Il ne conservait guère
d'espoir à ce sujet, mais, comme il le dit
mélancoliquement dans son journal, « il
croyait de son devoir d'essayer. » Ce fut
toutefois sans résultat appréciable, et il ne se
sentit pas plus vaillant de corps lorsqu'il
reprit enfin le chemin de Strasbourg.

Pendant ce temps, une détente notable s'était opérée dans la situation ecclésiastique. Les propositions de M. Fabri, soutenues par le gouvernement d'Alsace-Lorraine, avaient été définitivement écartées à Berlin et la *Gazette officielle de Strasbourg* annonçait, le 15 septembre, que « par ordre du chancelier de l'Empire, le Consistoire supérieur serait convoqué dans le plus bref délai pour faire des propositions relativement à la nomination aux places vacantes dans le Directoire. » C'était assurément beaucoup moins que ne demandaient l'Union protestante et le *Progrès religieux*, ce n'en était pas moins une concession importante faite à l'Église luthérienne d'Alsace, puisqu'en droit strict le gouvernement était libre de désigner les membres manquants du Directoire, président et commissaire du gouvernement, sans consulter les vœux du Consistoire supérieur. Avant tout, on voulait compléter la représentation légale de l'Église. On convoqua donc l'assemblée d'inspection du Temple-Neuf, pour qu'elle remplaçât le délégué qu'elle avait perdu. La lutte y fut vive entre deux candidats, appartenant l'un et l'autre au parti libéral.

M. Edouard Goguel, membre du Directoire, qui avait représenté pendant de longues années l'inspection de Montbéliard, et qui briguait maintenant un mandat d'une église d'Alsace, était soutenu par les éléments plus modérés et surtout par les électeurs ecclésiastiques. En face de lui, M. G. Flach, notaire et membre de la commission municipale, était porté comme candidat de nuance plus radicale par des électeurs laïques de la ville et de la banlieue. Schillinger, qui était lié avec les deux candidats, se trouva pour un temps dans une position difficile, son journal étant le champ-clos naturel où les adhérents des deux candidatures se livraient des assauts, parfois assez violents. Le scrutin du 12 octobre donna finalement la victoire à M. Goguel, nommé par cinquante voix, tandis que M. Flach n'en obtenait que dix-neuf. Un candidat orthodoxe, surgissant au dernier moment, réunit les suffrages de vingt-et-un votants et fournit ainsi la preuve de l'influence croissante de son parti. La victoire était restée au libéralisme, c'était là l'important au point de vue des principes.

Le 19 octobre suivant, le Consistoire supérieur se réunissait dans les bâtiments du

Séminaire protestant, pour vérifier les procès-verbaux de l'élection qui venait d'avoir lieu et pour désigner deux candidats aux fonctions de président du Directoire et de membre laïque représentant le gouvernement. Au troisième tour de scrutin, M. Edouard Kratz, membre du Directoire, fut désigné comme candidat à la présidence, contre MM. Traut et de Dietrich. C'était une nomination franchement libérale. Cependant pour accorder une satisfaction légitime à la tendance orthodoxe, le Consistoire supérieur proposa, par un vote à peu près unanime, de remplacer M. Rau par M. Schiellein, maire de Bouxwiller et ancien membre du Conseil suprême de notre Église. Mais ce dernier refusa plus tard la nomination qui venait d'être faite.

L'*Union évangélique protestante* avait fait déposer sur le bureau de la haute assemblée un mémoire qui développait les principaux *desiderata* du parti libéral, et se résumait dans les trois vœux que nous avons communiqués plus haut. A ce moment, vingt-trois Conseils presbytéraux et douze cent dix-huit signataires isolés y avaient adhéré.

Le Consistoire supérieur, lié par son ordre

du jour, ne put entrer dans la discussion de ces vœux, mais il voulut donner au moins une satisfaction partielle aux pétitionnaires, en demandant au gouvernement de mettre à l'ordre du jour de la prochaine session la question de la nomination des pasteurs et des inspecteurs ecclésiastiques.

La situation de l'Église se trouvant ainsi réglée jusqu'au printemps prochain, Schillinger tourna son activité du côté de certaines œuvres humanitaires où ses sentiments patriotiques pouvaient se donner libre cours, sans que personne eût le droit d'en prendre ombrage. Il venait de se former à Paris un Comité protestant pour les victimes de la guerre en France, présidé par le général de Chabaud-Latour, et dont faisaient partie presque toutes les notabilités protestantes de la capitale. Un Comité, indépendant du comité central, mais poursuivant le même but, se forma bientôt à Strasbourg. Schillinger, qui y siégeait avec MM. Eugène Bœckel, professeur, Bœgner, pasteur, Goguel, Kablé, Imlin et Ch. Stromeyer, déploya toute son ardeur pour assurer des ressources à l'œuvre nouvelle. A la même époque, il recevait sa nomination comme membre fondateur de l'*Oeuvre des Hospitaliers d'Afrique,* établie en Algérie sous la direction de **M.** le baron de Hoben. Elle avait pour but de créer sur le sol de la grande colonie française un asile pour les victimes de la guerre et surtout pour les blessés militaires. Schillinger ouvrit en faveur de cette œuvre une souscription dans les colonnes du *Progrès.* Afin d'assurer des ressources plus considérables à la première de ces sociétés, il céda, le 26 novembre, sa chaire à **M.** le professeur Lichtenberger, qui remua profondément son auditoire en retraçant le tableau de l'*Alsace en deuil.* Une collecte de 1250 francs attesta éloquemment que l'orateur avait atteint le but charitable auquel il visait.

Pendant ce temps, l'*Union évangélique protestante* continuait également ses travaux; le 20 novembre, elle tint une assemblée générale, où la question d'un synode constituant fut discutée à fond et le comité définitif de quinze membres élu au scrutin secret. Les statuts de l'association, rédigés par Schillinger, exigeaient qu'un laïque fût président. Les collègues de notre ami ne purent donc récom-

penser son zèle et son dévouement en le pla-
çant à leur tête, mais ils le portèrent à la
vice - présidence pour lui témoigner leur
affectueuse estime. Ils le chargèrent également de prendre la parole dans une réunion
publique qui se tint quelques jours plus tard
à Saint-Nicolas et dans laquelle Schillinger
exposa, devant une nombreuse assistance, le
but de l'Union et caractérisa les tendances
orthodoxes qu'il s'agissait de combatîre.
Schillinger prit aussi une part active à la rédaction d'un nouveau mémoire, qui fut arrêté
par le Comité de l'*Union évangélique,* dans sa
séance du 13 décembre, et adressé au Directoire. Le Consistoire supérieur ne s'étant pas
montré favorable à l'idée d'un synode constituant, l'association libérale essayait de fixer
exactement et nettement les points principaux
de notre constitution ecclésiastique où des
changements au moins partiels semblaient indispensables. Le *Mémoire* du 13 décembre
demandait en conséquence : 1° que les paroisses fussent appelées à intervenir dans le
choix de leurs pasteurs, soit directement, soit
par leurs représentants immédiats ; 2° que les
délégués ecclésiastiques au Consistoire supé-

rieur fussent élus selon les mêmes règles que les délégués laïques et que le Directoire choisît ses inspecteurs en dehors de ces délégués; 3° que la création de nouvelles inspections augmentât le chiffre des membres du Consistoire supérieur, insuffisant pour une assemblée délibérante; 4° que tous les membres du Directoire, y compris le président, fussent élus par le Consistoire supérieur, soit dans son sein, soit au dehors, sauf confirmation par le gouvernement; 5° que l'âge des électeurs fût abaissé de 30 à 25 ans pour l'Église d'Alsace-Lorraine. Enfin l'*Union* réclamait pour la prochaine session du Consistoire supérieur l'adjonction du double des membres ordinaires, afin de donner à ce corps ainsi retrempé dans le suffrage universel une autorité plus grande pour la discussion de toutes les réformes projetées.

Quelques-uns de ces vœux devaient se réaliser plus tard, au moins en partie, mais Schillinger, qui avait tant contribué à les formuler et à les produire, n'était plus là pour assister au triomphe des principes qui lui étaient chers !

A l'approche de l'hiver, la réorganisation des conférences publiques, interrompues

pendant l'hiver de 1870-1871, s'imposa d'elle-
même. La nouvelle *Union* laïque avait inscrit
les « discours religieux » au premier rang de
ses moyens de propagande, et Schillinger,
plus que tout autre, sentait l'utilité, la nécessité de répandre au dehors les idées libérales.
Ce furent ses conseils pourtant qui, de conni-
vence avec l'opinion publique, firent renoncer,
pour une année encore, aux conférences libérales de Saint-Nicolas. Schillinger craignait,
en les reprenant, d'entraver une autre œuvre,
plus générale et purement philanthropique,
celle des conférences qu'on projetait au profit
des victimes de la guerre en France. Dans ce
but, piétistes et libéraux s'unirent une dernière fois, pour longtemps du moins, dans
une action commune. On fusionna l'ancien
comité des conférences avec celui de Saint-
Pierre-le-Vieux, en y adjoignant quelques
éléments nouveaux. M. Lichtenberger présida
cette commission « mixte », dont Schillinger
fut le secrétaire et dont firent partie MM.
Charles Schmidt, Sabatier, Strohl, Alphonse
Pick, etc. Une liste d'orateurs fut dressée,
comprenant dix noms, dont six pouvaient se
rattacher à diverses nuances de la fraction

positive, tandis que trois représentaient la tendance libérale. Le dernier des dix n'appartenait point à l'Église protestante, le comité ne voulant point donner un caractère exclusivement confessionnel aux conférences, afin d'y attirer un public plus considérable. Les sujets d'ailleurs étaient choisis en dehors de toute controverse religieuse et se rapportaient à l'histoire générale ou locale, à la littérature, aux questions sociales, aux sciences physiques et naturelles. Le plus difficile cependant ne fut pas de trouver des orateurs ; six conférenciers alsaciens, trois autres, appelés de l'intérieur, promirent immédiatement leur concours à cette œuvre à la fois humanitaire et patriotique. Mais quand il s'agit de fixer le choix d'un local et d'obtenir l'autorisation de faire les conférences, des difficultés sérieuses se produisirent. Une des rares notices que renferment les dernières pages du journal de Schillinger, se rapporte à ces préoccupations :

« 25 décembre. — Le Directoire nous a interdit de faire nos conférences dans une église, à moins de nous soumettre à quatre conditions : 1° Pas de conférenciers catholiques. 2° Pas d'allusions politiques. 3° Des sujets religieux ou moraux. 4° Le produit des conférences ne sera pas exclusivement consacré aux victimes françaises. Nous voulions bien accepter ces trois derniers points, en réservant une partie des bénéfices nets pour l'Alsace, mais nous n'avons pu nous décider à renoncer à l'orateur catholique, M. le professeur Fustel de Coulanges, qui venait noblement à nous.... Nous nous adresserons aux autorités allemandes pour obtenir l'autorisation de faire nos conférences dans la salle de gymnastique de M. Heiser. Elle nous sera refusée très-probablement, nos orateurs étant à peu près tous fort mal notés ; ce sont MM. Sabatier, Bersier, Fustel de Coulanges, Rod. Reuss, Schimper, Strohl et Guibal pour les conférences françaises, MM. Fischer, Kopp et Scherdlin pour les conférences allemandes.... »

En effet, le *Progrès religieux* du 6 janvier 1872 annonçait que les séances promises au public auraient lieu dans l'établissement de M. Heiser, rue de la Nuée-Bleue. Mais, au dernier moment, l'autorité ecclésiastique, contente des promesses obtenues et ne voulant point assumer la responsabilité d'un refus, n'insista pas sur le cas de **M.** Fustel de Coulanges. Les conférences purent donc se faire à l'église de Saint - Pierre - le -Vieux. Elles eurent un succès considérable, grâce au talent de la plupart des orateurs, grâce aussi, et surtout, au but charitable des conférences et au désir de la bourgeoisie strasbourgeoise d'entendre des voix indépendantes et amies après avoir été sevrée, pendant de longs mois, de toutes les jouissances et récréations intellectuelles. Ce fut d'ailleurs une heureuse chance pour le comité comme pour le public, que ces réunions se tinssent dans un temple et que les auditeurs fussent ainsi empêchés d'éclater en applaudissements, ou de souligner certaines phrases, inoffensives en elles-mêmes, mais qui semblaient prêter à des allusions politiques, car autrement les conférences, qui durèrent de la mi-janvier à la mi-mars, n'auraient sans doute pu être menées à bonne fin. En effet, les trois commissaires, spécialement délégués par leurs collègues à la surveillance des orateurs et du public, eurent à répondre à différentes reprises aux remontrances et aux observations de la Direction de police. Schillinger était un des trois hommes dévoués qui s'étaient bénévolement chargés de cette mission désagréable. Aussi écrivait-il, avec un soupir de soulagement, à la date du 7 avril 1872 :

« ..... Nos conférences sont terminées. MM. Ch. Kurtz, Alphonse Pick et moi, nous étions responsables vis-à-vis de la police. Le directeur, M. Mayer, nous a cités plusieurs fois devant lui pour nous menacer de fermer le temple qui nous avait été accordé par le Directoire sur une seconde demande. La première fois, on s'était offensé de la conférence de Sabatier et surtout du compte-rendu dans le *Progrès*. Puis on reprochait à Guibal d'avoir dit *notre* France, « ce qui ne pouvait être toléré ». Enfin, l'on aurait accueilli d'une façon désobligeante deux officiers en uniforme entrés pendant la conférence de Rodolphe Reuss. Ceux-ci s'en plaignirent au général, qui réprimanda le Directeur de la police, qui s'en prit à nous. Enfin, nous sommes au bout! ... »

Pauvre ami! Ces lignes devaient être les dernières de son journal. Il était au bout, plus près qu'il ne s'en doutait lui-même, au bout de sa carrière, si courte et si bien remplie!

XXI.

Pour ne pas interrompre ce que nous avions à dire sur les conférences de Saint-Pierre - le - Vieux, nous avons quelque peu devancé l'ordre chronologique des événements. Il nous faut maintenant revenir en arrière et reprendre le récit de la lutte entreprise par Schillinger et ses amis sur le terrain des libertés ecclésiastiques. Les espérances que la session d'octobre du Consistoire supérieur avait fait naître dans les rangs du parti libéral, avaient rapidement diminué quand on fut obligé de reconnaître qu'au fond la situation n'avait point changé. Avant comme après, le Directoire restait paralysé dans l'exercice de ses attributions naturelles; le choix de **M.** Kratz comme président n'était

point ratifié par le gouvernement et les nomi-
nations aux cures vacantes que faisait le
Directoire restaient elles-mêmes en suspens.
Il semblait qu'une influence occulte pesât sur
l'Église et s'efforçât d'empêcher le fonction-
nement régulier de notre organisation ecclésiastique tout entière. Et cependant, le gouverneur-général orthodoxe, M. de Bismarck-
Bohlen, avait été rappelé depuis quelque
temps déjà et remplacé dans le gouvernement
de l'Alsace-Lorraine par M. de Mœller, peu
disposé, semblait-il, à favoriser le parti confessionnel. Il n'y avait d'autre moyen de
vaincre cette inertie, calculée peut-être, et
profondément regrettable en tout cas, que de
pousser toujours de nouveau le cri d'alarme,
d'engager les protestants d'Alsace à ne pas
faiblir dans la revendication de leurs droits
légitimes, de protester enfin contre toute in-
fraction aux lois ecclésiastiques en vigueur.
C'est ce qui fut fait avec énergie dans les
colonnes du *Progrès* et dans celles du
Kirchenbote, son jeune confrère, récemment
créé pour gagner les campagnes aux idées
libérales. Schillinger, au moment du renouvellement des conseils presbytéraux et des

consistoires, rappela à plusieurs reprises aux électeurs l'importance exceptionnelle de ce scrutin. Le vote du 21 janvier eut lieu de le satisfaire. Dans la plupart des circonscriptions urbaines, du moins, les voix se portèrent en majorité sur des libéraux modérés ou progressistes. Peut-être le gouvernement n'attendait-il que le résultat des opérations électorales pour prendre une décision. Toujours est-il que le choix de **M.** Kratz fut enfin confirmé par une décision impériale ; en même temps, **M.** Richter, conseiller de gouvernement, appartenant à la nuance orthodoxe modérée, était nommé quatrième membre du Directoire. Le 30 janvier 1872, **M.** l'inspecteur Bruch installa le nouveau chef administratif de l'Eglise protestante d'Alsace - Lorraine dans ses fonctions et, le même jour, **M.** Kratz adressait à ses administrés une circulaire, dans laquelle il se déclarait «défenseur convaincu des aspirations légitimes des paroisses pour obtenir une part plus large, non-seulement dans l'administration intérieure, mais surtout dans la nomination de leurs pasteurs.» C'était la première fois que des paroles aussi franchement libérales descendaient du fauteuil présidentiel et l'on pouvait y voir un heureux présage pour les revendications futures de l'*Union protestante.*

Au moment où Schillinger se réjouissait à bon droit de ce premier succès de la cause libérale, il se vit atteint par un coup inattendu et qui le frappa peut-être d'autant plus qu'il y vit comme un avertissement précurseur de sa destinée personnelle. Il perdit son père, le vénérable pasteur de Muhlbach. Voici les quelques lignes que notre ami consacra lui-même à ce douloureux événement :

« .... J'ai perdu mon père ! Le 21 février il a été trouvé mort dans son lit. Quelle douleur de voir inerte et glacé celui qu'on aimait, de ne plus l'apercevoir aux places où il se tenait d'habitude, de le voir descendre ainsi dans la fosse ! Jamais je n'ai ressenti aussi profondément l'horreur de la mort... »

Le jour même où le télégraphe l'appelait dans la vallée de Munster pour y présider aux funérailles de son père, Schillinger allait entrer dans une sphère d'activité toute nouvelle pour lui. Son dévouement inépuisable l'avait entraîné à placer un nouveau fardeau sur ses épaules déjà si lourdement chargées.

Le Gymnase protestant de Strasbourg luttait depuis sa réouverture, au lendemain du siége, contre une série non interrompue de difficultés. Elles étaient causées, en partie du moins, par l'absence d'un certain nombre de ses professeurs ; quelques-uns n'étaient point revenus après les événements de 1870, d'autres avaient été éloignés par l'autorité militaire ou bien étaient partis pour chercher une position moins pénible de l'autre côté des Vosges. Grâce à des combinaisons infinies et au concours de plusieurs éléments étrangers au Gymnase, car de maîtres allemands il n'était point encore question alors, on avait réussi à gagner le second trimestre de l'année scolaire 1871-1872, quand le brusque départ du professeur d'histoire, M. Leser, appelé à la chaire d'allemand d'un des lycées de Paris, vint bouleverser complétement le tableau des leçons de l'école. Le directeur ne savait comment parer ce nouveau coup, quand l'idée lui vint de s'adresser à notre ami. Peut-être Schillinger aurait-il dû refuser ; peut-être ses amis auraient-ils dû comprendre que rien ne pouvait être plus nuisible à sa santé, si compromise déjà, que la

fatigue et l'ennui d'un enseignement public.
Mais Schillinger était de ces natures géné-
reuses qui croient n'avoir rien fait tant qu'il
leur reste quelque chose à faire. La pensée
de venir en aide à la vieille école de Sturm,
à laquelle il devait lui-même son instruction
première, l'emporta sur toutes les considéra-
tions personnelles. Il accepta d'y donner dix
leçons par semaine, celles d'histoire en IIIe
et en IVe, celles d'allemand dans la première
des deux classes. Il ne put toutefois supporter
les fatigues inhérentes à cet enseignement
multiple que jusqu'aux vacances de Pâques.
A partir de ce moment, on le déchargea, sur
ses instances, des leçons d'histoire en IVe,
mais il garda sept heures de classe jusqu'au
moment de sa mort, et je crains bien, pour
ma part, que ce surcroît de labeur n'ait hâté
le dénouement fatal, d'ailleurs inéluctable.
Schillinger, sans avoir fait des études histo-
riques très-approfondies, savait tout ce qu'il
fallait pour enseigner cette branche à des
enfants de douze à treize ans. Sa longue pratique de l'enseignement religieux lui avait
en outre appris à manier la jeunesse. S'il
n'échappa pas plus que tout autre aux petits

ennuis causés par une jeunesse un peu rétive,
il eut bien vite le dessus dans cette lutte
inévitable qui marque le début des relations
de toute classe avec un nouveau professeur.
Son talent de narrateur, son habileté à réveiller l'imagination de ses jeunes auditeurs,
son inépuisable bonté, lui gagnèrent bien
vite l'affection de ces enfants. Les relations
avec ses nouveaux collègues ne furent pas
moins cordiales et moins agréables. On lui
sut gré tout d'abord d'être venu en aide au
Gymnase, sans hésiter dans son dévouement.
Bientôt on l'apprécia mieux encore. Ainsi
que l'a dit celui qui, sur sa tombe, lui fit les
adieux suprêmes de l'Ecole, « il était difficile
de ne point devenir son ami, dès qu'on l'avait
connu, et chaque jour on apprenait à l'aimer
davantage. » Nous citerons ici un détail de
médiocre importance, si l'on veut, mais qui
montre bien à la fois la modestie de Schillinger et sa soif de connaître qui le poussait à
élargir sans cesse le cercle de ses études. Le
Gymnase possédait alors en M. Paul Bainier
un professeur de sciences physiques et naturelles des plus distingués et qui depuis, après
avoir professé plusieurs années à Marseille,

s'est vu appelé à Paris, comme directeur de l'École municipale Arago. Notre ami voulut profiter de ses relations avec le jeune savant pour compléter ses connaissances un peu fragmentaires en physique et en chimie. Il sut animer d'un même zèle quelques-uns de ses nouveaux collègues, et pendant quatre mois, jusqu'au moment de sa mort, il suivit avec une assiduité constante le petit cours théorique et pratique que M. Bainier voulut bien faire à ses nouveaux auditeurs dans le laboratoire du Gymnase.

Au milieu de ces travaux multiples, Schillinger consacrait les rares moments de loisir qui lui restaient, à faire un choix parmi les sermons qu'il avait prêchés à Saint-Nicolas durant la guerre et à les retravailler avec soin pour les publier en volume. On peut dire que ce fut l'occupation favorite des derniers mois de sa vie. Non pas qu'il se préoccupât beaucoup d'acquérir un nom parmi les représentants de la chaire chrétienne : rien ne lui était plus étranger que la vanité littéraire ou le besoin de se produire. C'est à peine si, de son vivant, il a publié deux ou trois de ses sermons dans le *Progrès Religieux*. Il n'a jamais songé seulement à faire paraître certains de ses travaux, comme sa conférence sur le *babysme*, qui pourtant aurait mérité d'être mise au jour. Mais on lui avait répété si souvent, et certes avec raison, que sa parole vivante avait porté la consolation, le calme et l'espérance dans les âmes froissées et les cœurs endoloris, qu'il se sentit obligé, en quelque sorte, de communiquer cet esprit consolateur à ceux qui n'avaient pu l'entendre. Peut-être aussi devinait-il qu'il serait bientôt arraché pour toujours à ceux qu'il aimait, et le désir de leur laisser un souvenir moins éphémère que le fugitif écho de ses paroles, le poussait-il à recueillir ces pages dans lesquelles il avait mis toute l'ardeur de son patriotisme et de sa foi chrétienne. Les onze sermons auxquels Schillinger avait limité son choix, appartiennent tous à la période douloureuse de la guerre. Le premier fut prêché le 14 août 1870, au moment où commençait le bombardement de Strasbourg ; le dernier, le 19 mars 1871, peu de jours après la signature du traité de Francfort, qui détachait l'Alsace de la France [1]. Ils ramènent tous la

1. Le volume ne fut publié qu'en automne 1872, chez Sandoz et Fischbacher, à Paris.

pensée du lecteur aux mêmes événements, ils lui présentent à peu près le même cycle d'idées, de sorte qu'il en résulte par moments une certaine monotonie pour les lecteurs étrangers aux événements qui se sont passés à Strasbourg. Mais quelle intensité saisissante dans la description de nos douleurs, de nos deuils, de nos angoisses morales ? Quelle éloquence, pathétique par sa simplicité même, dans le tableau de nos péchés et de nos fautes, appelant sur nous ces catastrophes soudaines ? Quel effort vraiment admirable pour réaliser la religion du Christ au milieu des passions déchaînées, pour amener les victimes elles-mêmes à ne pas oublier vis-à-vis du vainqueur le grand commandement de Jésus[1] ? Ces pages, qui semblent écrites d'hier, je viens de les relire. Je la revois devant moi,

1. Nous pouvons citer à l'appui de notre opinion le jugement d'un des représentants les plus éminents de la chaire protestante en France. Quelques semaines avant la mort de Schillinger, son ami, M. Burghard, pasteur au Hâvre, qui l'aidait à revoir les épreuves de son volume, lui écrivait : «Fontanès admire l'étonnante facilité de développement que dénotent tes sermons ; il est stupéfait de la variété que tu as su mettre dans la tractation d'un seul sujet qui revient dans tous tes discours...»

cette figure pâle et douce de notre ami ; j'entends cette voix, tremblante d'émotion, pendant qu'elle proférait des paroles de condamnation et en même temps de relèvement. Je la ressens de nouveau, cette indicible secousse qu'il savait communiquer aux âmes, et je me demande, avec une amertume profonde, pourquoi la volonté divine nous a privés si tôt de ce consolateur et de ce soutien. Si déjà le jeune homme de trente ans possédait à ce point le don de toucher les cœurs et de les conduire à Dieu, combien sa parole n'eût-elle pas gagné en force au milieu des épreuves, et quelle activité bénie n'eût-il pas exercée dans notre Église d'Alsace ?

Mais à quoi bon ces plaintes posthumes qui ne ressuscitent point les morts ? Achevons plutôt, avec celui que nous avons perdu, les dernières journées d'un pélerinage qui touche à sa fin.

Les mois d'avril et de mai n'apportèrent à Schillinger qu'un surcroît de fatigues. Les élections au Consistoire supérieur, qui eurent lieu le 24 avril, donnèrent, il est vrai, dans la majorité des circonscriptions, la victoire aux candidats libéraux, mais elles accentuèrent

aussi, surtout dans l'inspection du Temple-
Neuf, une tendance fâcheuse à la séparation
entre les électeurs ecclésiastiques et laïques,
alors que c'était à une fusion de plus en plus
intime entre les deux groupes que notre ami
consacrait tous ses efforts. Désireux de marcher d'accord avec ses collègues dans le
pastorat, mais désireux aussi d'amener les
membres des paroisses à participer davantage à la vie de l'Église, Schillinger souffrait
doublement de ces froissements provoqués
par d'anciennes habitudes, par des ambitions
ou des antipathies personnelles. Il les trouvait d'autant plus regrettables qu'ils se produisaient parfois entre des membres de
l'*Union protestante* elle-même, et lui inspi-
raient des craintes sérieuses pour l'homogé-
néité de son œuvre. Sans doute, il réussissait d'ordinaire à calmer les susceptibilités
ombrageuses ou les ambitions déçues par de
bonnes paroles, et vainqueurs et vaincus con-
servaient pour lui une égale estime, car il
possédait le don merveilleux de ne froisser
personne, tout en restant ferme sur les principes. Mais ce n'était pas sans démarches
nombreuses, sans beaucoup de temps et de

travail perdus, qu'il parvenait à s'acquitter
ainsi de son rôle de modérateur et de chef de
parti.

Au moment où la session du Consistoire
supérieur allait s'ouvrir, session qu'on espérait être fertile en réformes, la mort du président de l'*Union protestante évangélique*, du
vénérable M. Kern, vint apporter à Schillinger
un surcroît de travail, en lui imposant, en sa
qualité de vice-président, la direction des
affaires et le soin de transmettre aux membres
de la haute assemblée les vœux du comité.
Le 26 mai 1872, Schillinger prenait la parole
sur la tombe du défunt pour lui dire un dernier
adieu au nom de l'Union. Aucun de ceux qui
l'écoutaient alors ne se doutait que, moins de
quatre semaines plus tard, l'orateur reposerait
à son tour sous les ombrages de Saint-Gall.

En même temps que le mémoire élaboré
par le Comité de l'Union, et qui, nous l'a-
vons montré plus haut, était relatif aux réformes à opérer dans la constitution de
l'Église, une autre pétition, émanant de
Schillinger, et se rapportant à sa situation
personnelle, était remise au président du
Consistoire supérieur. C'était — on s'en sou-

vient encore en Alsace — le moment où la question de l'option préoccupait tous les esprits. Les autorités allemandes n'avaient point encore fait connaître, d'une manière officielle, comment elles entendaient régler cette douloureuse question, et plus d'un habitant des territoires annexés s'imaginait qu'il lui serait loisible de rester en Alsace, tout en conservant sa qualité de Français. Cet espoir trompeur poussa Schillinger et quelques-uns de ses collègues, prédicateurs de langue française comme lui, à s'adresser à l'autorité supérieure de notre Église, pour demander par son entremise la permission de rester en fonctions, sans perdre pour cela leur nationalité française, et de former des paroisses indépendantes, comme celles des *réfugiés* de Prusse ou des Pays-Bas. Nous avons retrouvé dans les papiers de notre ami la minute de cette pièce, écrite de sa main. C'est un des derniers documents sortis de sa plume, et c'est à ce titre surtout que nous en indiquons ici l'existence, bien que la mort ait tranché pour Schillinger le problème, avant même qu'une réponse négative eût pu venir détruire ses illusions.

Le Consistoire supérieur se réunit le 10 juin ; la nécessité d'une révision de la constitution actuelle de l'Église y fut admise en principe par plusieurs orateurs, mais la discussion générale ne put se prolonger sur ce sujet, le président supérieur, M. de Mœller, y ayant fait opposition. Du moins, l'assemblée put aborder l'examen de quelques points spéciaux, inscrits à son ordre du jour. Elle décida que la consultation des paroisses, lors de la nomination des pasteurs, serait obligatoire, mais sans aller jusqu'à donner aux vœux des paroissiens une valeur légale. Elle se prononça également pour la désignation des inspecteurs ecclésiastiques par les assemblées d'inspection, mais en réservant le choix définitif au gouvernement. Ces mesures n'étaient point suffisantes ; mais elles n'en marquaient pas moins un progrès appréciable, elles engageaient surtout le Consistoire supérieur dans la voie des réformes. Il n'est donc pas étonnant qu'elles aient réjoui notre ami, qui n'espérait point obtenir davantage du coup et qui savait qu'on peut attendre beaucoup du temps.

Schillinger était alors légèrement ennuyé par

un procès de presse que lui valait le *Progrès Religieux*. Il est peu de personnes en Alsace qui n'aient lu le roman de Mlle Emma Warnod, *Amour et Patrie*, qui venait de paraître à cette époque. L'auteur avait collaboré de temps à autre au journal libéral, et Schillinger voulut annoncer en quelques mots son ouvrage. Un bulletin bibliographique, non signé, d'une trentaine de lignes, parut donc dans le *Progrès* du 2 juin. Schillinger — car la note était de lui — s'était bien gardé, comme on pense, d'aborder la question politique qui se débat dans le récit de Mlle Warnod. Nous ignorons absolument ce qui, dans ces lignes forcément incolores, put offenser les représentants de la justice à Strasbourg. Toujours est-il que Schillinger, en sa qualité de rédacteur en chef, et M. Edouard Heitz, comme imprimeur du journal, reçurent assignation pour comparaître devant le tribunal de police correctionnelle de notre ville. C'était vers la mi-juin ; l'audience n'eut lieu qu'après la mort de notre ami, et le procès se termina, si je ne me trompe, par la condamnation de l'imprimeur à cinquante francs d'amende, le principal accusé étant soustrait désormais aux atteintes de la justice. Ce n'est pas manquer de respect à celle-ci que d'affirmer que la condamnation la plus sévère n'aurait fait déchoir en rien le coupable dans l'estime publique.

Le 16 juin, Schillinger occupa pour la dernière fois la chaire de Saint-Nicolas ; il parla de «Jésus notre ami» avec l'onction pénétrante qu'il portait toujours dans son ministère et que son air souffrant rendait ce jour-là plus saisissante encore[1]. Il semblait possédé depuis quelques jours du pressentiment non douteux de sa fin prochaine. «Je n'ai plus longtemps à vivre», répétait-il à ses amis, et comme pour racheter les heures qui lui restaient, il redoublait d'activité et de dévouement, prodiguant à ceux qui l'entouraient les témoignages de son affectueuse et délicate bonté. Une invitation commune nous réunit, le lundi soir, à la campagne. Schillinger, d'ordinaire si gai, si plein d'entrain en société, se montra plus silencieux que d'habitude, et lorsqu'à la tombée de la nuit nous rentrâmes par l'allée de tilleuls de la promenade Le

1. Ce dernier sermon de Schillinger a paru dans le *Progrès Religieux* du 24 août 1872.

Nôtre, il me parut plus las et plus affaissé que jamais. Le lendemain matin, je le rencontrai inopinément sur mon chemin. Il se rendait à la séance des Conférences pastorales qui s'ouvraient ce jour-là et, tout en passant, il me serra la main. Puis, sans s'arrêter à me parler, il me fit un signe amical et disparut au détour de la rue. Je demande pardon au lecteur de l'entretenir de détails si peu importants, mais c'est là mon dernier souvenir de Schillinger. Je ne l'ai pas revu vivant, et j'aime mieux l'évoquer ainsi dans ma mémoire, un sourire affectueux sur les lèvres, que dormant de son dernier sommeil, sur son étroite couchette, déjà rigide et presque défiguré.

Dans la matinée du mercredi, 19 juin, il s'était rendu au Directoire, pour savoir s'il était arrivé une réponse à la demande qu'il avait faite, de conserver ses fonctions pastorales à Saint-Nicolas, tout en optant pour la France. Cette réponse n'était point favorable, et c'est avec une émotion contenue que Schillinger se rendit chez son collègue pour lui faire part du résultat de sa démarche. M. Eschenauer étant sorti pour assister aux débats de la Conférence pastorale, ce fut Mad. Eschenauer qui reçut notre ami. Pendant qu'ils échangeaient quelques paroles, Schillinger fut pris de faiblesses et d'étouffements. Des soins empressés lui firent reprendre ses sens, et quoique souffrant, il quitta la maison de son collègue, pour rentrer chez lui. Arrivé dans la rue d'Or, il monta au Casino théologique, soit qu'il voulut y voir en passant quelques amis, soit qu'il sentit les forces lui manquer. Il était onze heures du matin. A peine fut-il entré dans la salle de lecture, qu'il s'affaissa de nouveau, pris par des suffocations et des angoisses indicibles. Les quelques membres du cercle qui étaient présents, s'empressèrent autour de lui ; on courut chercher le médecin le plus proche. Tentatives inutiles ! Le mal implacable, qui minait Schillinger depuis sa jeunesse, l'avait terrassé cette fois. Après une agonie d'un quart d'heure, il avait cessé de souffrir. Au milieu des spasmes qui l'étouffaient, il avait balbutié ces dernières paroles : «Je me meurs.... il est doux de mourir.... adieu, mes amis, adieu !»

Oui certes, il était doux pour lui de mourir, car la mort, de sa faux rapide, l'enlevait à jamais à ses anxiétés et à ses tristesses, à ses fatigues et à ses douleurs. Mais quel deuil pour tous, pour sa famille, pour ses amis, pour les membres de sa paroisse, les plus haut placés comme les plus humbles, pour toute l'Église d'Alsace, qui voyait en Schillinger une force dans le présent et pressentait en lui une force plus grande dans l'avenir ! Le saisissement fut profond dans les sphères les plus diverses de la société strasbourgeoise, quand le bruit se répandit soudain que notre ami n'était plus. Bien des pleurs furent versés ce jour-là, que Dieu seul a vus, bien des promesses solennelles formulées au fond des consciences. Deux jours plus tard, le 21 juin 1872, une foule immense encombrait la rue des Bouchers pour assister aux obsèques du jeune pasteur. Les adversaires d'hier eux-mêmes étaient accourus pour rendre hommage à son talent personnel, à ses convictions sincères. Un des plus longs cortèges de deuil que Strasbourg ait vus, suivit le cercueil à l'église Saint-Nicolas, où devait se faire le service funèbre. Mais ce n'était pas le concours de tant de citoyens, ce n'était pas la présence des représentants les plus élevés de l'Église ou de la Cité, qui frappait dans ce long et silencieux convoi ; c'était la tristesse profonde empreinte sur tous les visages, leur morne recueillement, montrant à tous qu'il y avait là peu d'indifférents et beaucoup d'amis. A l'église, M. Eschenauer prononça le sermon d'usage, rendant un suprême hommage à la mémoire du défunt, qui avait été, pour lui, «plus qu'un collègue, un frère, un ami prévenant et dévoué». Evitant scrupuleusement de toucher aux divergences dogmatiques, auxquelles personne ne pouvait songer en ce jour, il montra en Schillinger le chrétien sincère, le patriote dévoué, le fidèle pasteur de son troupeau. Au cimetière de Saint-Gall, le cercueil fut descendu dans la fosse au milieu des chants des jeunes filles, ses élèves, et aussitôt recouvert d'un monceau de fleurs. Ce fut un bien douloureux moment pour les orateurs chargés des derniers adieux quand il fallut prendre la parole sur cette tombe entr'ouverte, au milieu de la foule qui se pressait comme pour le voir une dernière fois. Aucun d'eux ne parvint à réprimer les sanglots qui étouffaient sa voix. L'un des plus anciens et des plus sûrs parmi ses amis, son collègue à Saint-Nicolas, son collaborateur fidèle au *Progrès,* Théodore Gerold, parla le premier au nom de l'*Union protestante,* au nom de ses nombreux amis. Celui qui rédige aujourd'hui ces lignes, vint dire à son tour un adieu suprême à Schillinger, au nom de ses collègues du Gymnase. M. le pasteur Leblois termina la série des discours en s'adressant aux laïques et à la jeunesse présente, en les exhortant à prendre le défunt pour modèle et à suivre toujours la voix de la conscience et du devoir «dans la grande lutte du bien contre le mal, de la justice contre l'iniquité, de la vérité contre le mensonge et l'erreur».

Le conseil presbytéral de la paroisse française ouvrit, peu de temps après la mort de Schillinger, une souscription publique, afin d'élever, dans l'église même, un monument à la mémoire de son regretté pasteur. C'est au ciseau d'un sculpteur habile, M. Grass, que fut confié le soin de reproduire les traits de Schillinger. L'artiste, malheureusement, n'avait pas connu notre ami; réduit à travailler d'après un ancien portrait, il ne réussit à donner dans le médaillon en marbre qu'on peut voir dans l'oratoire de l'église Saint-Nicolas, qu'une copie plus ou moins exacte du masque de Schillinger, non sa vraie physionomie, si mobile et si vivante. Mais si nous ne possédons pas de notre ami une image fidèle ciselée dans le bronze ou taillée dans le marbre, nous conservons au plus profond de nos âmes son vivant souvenir. Ceux qui ont eu le bonheur de l'entendre et de le connaître, ne l'oublieront jamais. J'en sais qui, par une tranquille soirée de printemps ou d'automne, aiment encore aujourd'hui à diriger leurs pas vers le cimetière de Saint-Gall, pour se recueillir un instant sous les sapins ombrageant sa tombe et s'y consoler dans la pensée que, comme l'amour, l'amitié triomphe de la mort.

Mais il ne suffit pas de rêver avec tristesse à tout ce que nous avons perdu avec Schillinger ; il ne suffit pas d'enlacer pieusement les couronnes du souvenir autour d'une pierre funéraire. Les nécessités de l'existence nous sollicitent ; la voix du devoir nous appelle aux luttes du dehors. Schillinger n'est plus au milieu de nous pour nous soutenir de sa parole et nous servir de modèle. Mais s'il nous a quittés pour entrer dans la paix éternelle, sa mémoire et son exemple nous restent. Un de ses amis nous le disait d'une voix éloquente, au moment même où sa tombe se fermait, et on peut le redire encore, à dix ans de distance : «Il nous laisse comme héritage cette œuvre à laquelle il avait voué sa vie ; reprenons-la ; continuons-la dans son esprit, avec son ardeur et son dévouement. Relevons ce glorieux drapeau qui est tombé de sa main mourante, et que sa devise devienne la nôtre : Évangile et Liberté !»

TABLE DES MATIÈRES.

	Pages.
Préface	V
I. Jeunesse et premières études de Schillinger	1
II. Fin des études théologiques ; voyages au-dehors	12
III. Schillinger précepteur à Bordeaux	19
IV. Séjour au Hâvre ; retour à Strasbourg	25
V. Schillinger vicaire à l'église de Sainte-Aurélie	30
VI. Les années 1865—1868 ; création du *Progrès religieux*	39
VII. L'activité ecclésiastique de Schillinger de 1868—1869	46
VIII. Sa nomination comme pasteur de l'Église française	54
IX. Guerre de 1870—1871 ; investissement de Strasbourg	68
X. Schillinger chargé d'une mission philanthropique à Paris ; son *Journal de voyage :* De Strasbourg à Colmar.	84

Pages.

XI. *Journal* (suite) : De Colmar à Paris . 102

XII. *Journal* (suite) ; Séjour à Paris . . . 107

XIII. *Journal* (suite) : Tableau de Paris ;
départ 116

XIV. *Journal* (suite) : De Paris à Bâle, Mulhouse, etc. 123

XV. *Journal* (suite) : De Schlestadt à Mundolsheim 137

XVI. *Journal* (fin) : Séjour à Mundolsheim. 180

XVII. Rentrée de Schillinger dans Strasbourg
assiégé ; son *Journal du siège* jusqu'à
la capitulation 192

XVIII. Reprise de ses fonctions pastorales ; les
partis religieux et la situation. . . 213

XIX. Réorganisation de l'Église luthérienne
d'Alsace ; fondation de l'*Union protestante-libérale* 229

XX. L'activité de Schillinger en 1871 . . 248

XIX. Les derniers mois de la vie de Schillinger 266